LA VERDAD SOBRE TU SALARIO

¡SE TERMINÓ LA OFERTA!

IVÁN H. FRANCO SOLÍS

LA VERDAD SOBRE TU SALARIO. Copyright © 2019. Iván H. Franco Solís
Todos los derechos reservados. Ninguna parte de este libro debe ser reproducida de ninguna manera, por cualquier medio electrónico o mecánico sin el permiso por escrito del autor.
La única excepción aplica para un revisor que sólo podrá citar extractos cortos para publicaciones impresas.

Iván H. Franco S.

CUANDO ADQUIERAS Y LEAS ESTE LIBRO, TE AGRADECERÉ ESCRIBAS UNA SINCERA OPINIÓN EN LA PLATAFORMA KINDLE.

GRACIAS
Iván H. Franco S.

Anything is possible
Not political, or analytical
Never giving up on the wrong
You got a choice
Why don't you use it
Change, is an attitude
Guaranteed to take hold of you
So welcome, to the turnstile
Take a turn with a new vow

Todo es posible
No es política, o analítica
Nunca te rindas ante el fracaso
Tienes una opción
¿Por qué no la usas?
El cambio es una actitud
Garantizado que se adueñará de ti
Así que, bienvenido, al torniquete
Da un giro con un nuevo voto

Andrew Farris

CONTENIDO

Introducción
- Mucho diagnóstico y poca solución
- El cambio de paradigma
- Los economistas fracasaron
- ¿Para quién es este libro?
- Mi propuesta
- ¡Ya no estamos en oferta!

¿Qué es el salario? Costo, precio o impuesto
- La visión de quien lo recibe
- La visión de quien lo paga: el costo
- El salario como precio
- El ingreso no monetario

Cifras de la desigualdad salarial
- Una breve semblanza
- ¿Por qué las remuneraciones permanecieron estancadas durante el auge del libre comercio?

Las cifras de la vergenza

¿Quién o qué define los salarios y cómo lo hace?

Comparativos internacionales: Canadá, el país de la clase media

Un problema de distribución
- La distribución de rentas

Beneficios corporativos y excedentes brutos de operación
  Ley de distribución de rentas y crecimiento de la clase media
Las mentiras del globalismo (y de las teorías del comercio)
El salario mínimo
  ¿Cómo funciona el salario mínimo?
  El salario mínimo funciona como precio máximo, no como precio mínimo
  Al paso del tiempo, el salario mínimo genera un efecto gravedad para las otras remuneraciones
  1) La regla de fijación del salario mínimo
  2) Eliminación definitiva del salario mínimo
Henry Ford y la posibilidad de mejores salarios en el mundo
Distribución de la riqueza y la ausencia de leyes redistributivas
Ya no hay marcha atrás, el neoliberalismo terminó
  La banca central
  El mito de la baja productividad
México ya no puede sostener una economía de mano de obra barata
  Afores, la bomba de tiempo
La economía a meses sin intereses
¿Cuál es tu opción? Nunca solo, siempre organizado
  Un cambio completo

INTRODUCCIÓN

A todos nos encantan los descuentos. Pero, ¿qué pensarás cuando te diga que tu salario ha estado en oferta durante varias décadas?

Sin que lo hayas sabido, tu sueldo ha sido parte de una prolongada etapa de descuentos, en donde el único beneficiado es quien ha comprado tu trabajo.

Tú, como el prestador del tiempo y de los servicios, has tenido que apretarte el cinturón, adaptándote a un estilo de vida cada vez más reducido.

¿Cómo lo sé?

Evaluar las bajas remuneraciones del país requiere solo algunas cifras. Es algo fácil de demostrar y que más adelante haré. Tan inequívoco que no requiere aclaración.

No obstante, es fundamental demostrarlo con arrolladora contundencia.

En cambio, lo que no es evidente, y se ha mantenido en secreto por décadas, es la causa.

Esa explicación muy pocos la conocen. Aunque parezca inconcusa, la razón de la crisis salarial del país no tiene raíces económicas, como siempre nos han hecho creer. La inflación, el desempleo, las variables macro y la productividad, no son los motivos del escollo.

Las causas son otras y no guardan estrecha relación con la situación de la economía. De hecho, son circunstancias menos técnicas.

Tampoco se trata de ideologías políticas, de izquierdas o de derechas. Ese es un artilugio "intelectualoide", usado precisamente, para dividir, distraer a las personas de lo importante.

Gracias a las ideas vendidas por los medios, hoy, unos piensan que trabajando más y "echándole ganas" podrán salir adelante y hacerse ricos. Otros, piensan lo contrario. El resultado, es un choque de trenes, en detrimento del progreso colectivo y del bien último, que es mejorar nuestra perspectiva salarial.

Todos deseamos el bien para nosotros mismos. Las ideologías dicotómicas que te mencioné, han desviado la atención, la intención y la concentración en reformarnos como sociedad y como individuos.

No te entregues tan fácilmente a una doctrina sectaria. Tus ingresos van por otro rumbo, y no están sujetos a las argucias ni a los crucigramas de la economía. Son algo tan palpable y concreto, como un libro de contabilidad.

Así que, con antelación te digo, que este libro no es un ideario, sino un instrumento de conocimiento práctico para un fin específico: cambiar la mentalidad colectiva en torno a los salarios.

Mucho diagnóstico y poca solución

A estas alturas no vale la pena hablar de la situación de los ingresos salariales de los mexicanos. En internet, existen miles de notas periodísticas y artículos que dan cuenta de ello.

En este momento, la relevancia está en cambiar de chip, proceder y saber cómo hacerlo. Para poder tomar decisiones, la información que proveo contiene los mensajes suficientes para desenmascarar a la añeja negativa de que se te pague justamente por tu trabajo.

Me anima escribir este libro el enorme valor que tiene para nuestras vidas develar una información que ha sido disfrazada y cambiada por desinformación.

El tema de los salarios no es fácil, porque hablar de ellos sigue siendo obsceno en México y en otros lugares.

Imagina que hace apenas cien años, escribir sobre este asunto era sacrilegio y brujería intelectual.

Diversos analistas y hasta filósofos que se atrevieron a investigar sobre el salario y la equidad, fueron desterrados a la isla del olvido ideológico.

Tachados de comunistas, socialistas y con cuanto adjetivo pudiera maliciosamente asociarse con un simple pensamiento de equidad.

Por un momento, piensa en lo siguiente. ¿Cuántos cursos de ventas existen allá afuera? Métodos que te prometen captar más clientes y ventas. ¿Cuántos talleres de marketing digital y de redes sociales ves en tu muro de Facebook? ¡Por todos lados! Muchas personas desean ayudara otros y hacer negocios con lo que saben.

En cambio, te pregunto, ¿cuántos cursos has visto que traten sobre el empoderamiento de los empleados para subir sus salarios?... ¡Ninguno!

Y, ¿no te parece una contradicción, que a nadie le importen los millones de trabajadores de las empresas?

Generalmente, los cursos y talleres que contratan las organizaciones tienen como objetivo motivar al personal, para que aumente su productividad. Pero eso sí, manteniendo el mismo sueldo. ¿Qué listos, no?

Será posible que ¿solo puedes ganar bien si eres empresario?

Y, si eres empleado ¿tendrás que conformarte con lo que te paguen? Hay millones de personas en este país (la gran mayoría) que no desea emprender, ya que buscan estabilidad laboral que provee la empresa establecida. Eso es digno y plausible.

Sin embargo, la anhelada estabilidad económica del empleado ya no es tan alcanzable, debido a los lastimados sueldos que se pagan en el país.

Ahora bien, te invito a considerar el siguiente caso. Supón, que hoy en día ganas diez mil pesos mensuales. Pero tu racionalidad y tesón te indican que sigas empujando, y quizá, algún día llegues a ser el director general de la empresa donde trabajas (o de otra), y donde ganarás diez veces más.

Dado que las organizaciones son jerárquicas y piramidales, la probabilidad de que llegues a ser director, si únicamente te concentras en el organigrama, son ínfimas.

Incluso, la probabilidad de que llegues a ser director de área es reducida. La causa es por simple matemática, que no tiene que ver con tus talentos. Sencillamente, hay muy pocas plazas de dirección contra numerosas posiciones en la base de la pirámide organizacional.

Por ello, el hecho de esperar por años, trabajar arduamente y, desearlo, nunca será suficiente. Hay que actuar.

Este libro, es pues, un compendio de hechos para ayudarte a modificar la mentalidad de los bajos salarios impacta la calidad de tu vida.

Incluye herramientas para informarte, empoderarte y dilucidar qué avenidas te pueden conducir, en sociedad, hacia un estado en donde se te remunere justamente.

Este no es un manual para negociar el sueldo con tu jefe en la próxima junta. No lo es, porque esos manuales seguramente te ayudarían con estrategias para que a lo más, te aumenten un siete o un ocho por ciento el sueldo. Pero, tú mereces mucho más.

En mi libro explico qué verdades han sido encubiertas con fango intelectual, a fin de que puedas entender tu presente y hacer algo por un futuro estable.

El cambio de paradigma

Hoy en día, las mentes dominantes en el poder no han mejorado su apertura sobre la igualdad salarial. Al contrario, son más clasistas que antes.

En la actualidad, si te muestras progresista, eres denostado con el adjetivo de chairo[1]. Sin embargo, la acogida de nuevos paradigmas está en plena ebullición. No tanto porque hayamos evolucionado nuestra moral sobre la redistribución del ingreso, sino, porque hay una diversidad de mentes que se han arriesgado a retomar los temas que tradicionalmente estaban censurados por las cúpulas mandantes en el poder.

En México, y en el resto de América Latina, hablar de las remuneraciones, o de cualquier tema que impacte al bolsillo, sigue siendo castigado por esas élites de influencia. ¡Ay de aquel que se atreva a abrir esta caja de pandora! Se vuelve enemigo público. Es un rebelde, socialista y un malagradecido, en el peor de los casos.

Como sabes, en América Latina, las protestas son reprimidas con el uso de la fuerza. En México, si marchamos, pero no protestamos, no por pacifistas, sino porque pensamos que con nuestro ingenio podemos darle la vuelta a todo. Y como sociedad, tendemos a la confusión y a la anarquía cuando algo no nos gusta. ¿Acaso recuerdas si alguien marchó por el "gasolinazo" de 2017? Y, ¿qué tal con los actos de rapiña que cometen los presentes, cuando un camión vuelca en alguna carretera? Considero que la primera lección es, aprender a respetar el derecho de los terceros.

Y para ello, necesitamos reconocer nuestro propio derecho e identidad. ¿Cómo se relaciona esto con tus ingresos?

Porque actualmente, el sueldo es el recurso monetario que permite tu sobrevivencia. Ya desde ahí, estamos mal; trabajar para sobrevivir significa medio vivir. Y ¿no dicen por ahí que, vida solo hay una?

Entonces ¿por qué subsistir con lo que imponen algunos perversos líderes de opinión sobre los sueldos y salarios? ¿Por qué permitir la rapiña de nuestros ingresos?

Si apelamos a la premisa de que vida solo hay una y hay que vivirla, al menos, que nuestras horas de trabajo valgan el esfuerzo.

En Estados Unidos, por ejemplo, que es un país con instituciones similares a México —porque les copiamos en muchas cosas—, el salario está tomando tintes progresistas. Cada vez son más las voces que en uso de su libertad de expresión, acuñan una nueva forma de pensar sobre la distribución de las ganancias de la economía.

Incluso, en el mundo de la política, un vistoso ejemplo sería, la senadora por el partido demócrata, Elizabeth Warren, actualmente precandidata a la presidencia de ese país para las elecciones de 2020.

La senadora Warren es una fuerte voz del ala progresista en ese país, que pugna y empuja por una mayor distribución del dinero a través del salario. Claro, no deja de ser un político, y con estos personajes, uno nunca sabe.

Más adelante en el texto, detallaré por qué la única medicina para aliviar la enfermedad de la desigualdad es a través de las remuneraciones. Para mí, esta tesis es más que obvia. Sin embargo, para la mayoría de los economistas, todavía no lo es.

Es decir, la mayoría de los tecnócratas repiten como antiguas rockolas el disco de la educación, como si la educación fuera por si misma, condición suficiente para el progreso personal.

Los economistas fracasaron

En general, los economistas se salen por la tangente y arguyen que para que una sociedad tenga mejores ingresos, debe registrar mayor productividad. ¿Qué es eso? Más bien, parece un argumento ambivalente de la escuela de pensamiento neoliberal, fundada precisamente, en Estados Unidos.

En nuestro país, los economistas insisten en argumentar falacias para disimular la crisis salarial.

Su investigación académica en el tema del ingreso tiene un retraso de años, con respecto a sus homólogos en otros países. No han descubierto nada nuevo, ni han planteado hipótesis que signifiquen ver una luz al final del túnel. Ellos, con gran parsimonia intelectual se dedican a repetir en piloto automático el discurso que mejor les ha funcionado, tanto a ellos, como a sus jefes.

Para los actuales liderazgos, las razones por las que las percepciones salariales deben permanecer bajas son principalmente dos. En primer lugar, porque aumentarlas genera inflación. Y ya sabemos los malos efectos que provoca la inflación en tu bolsillo; la inflación es como hacerle un agujero a tu cartera. Y, en segundo lugar, como ya lo dijimos, porque aumentar las remuneraciones solo debe efectuarse cuando los aumentos en la productividad así lo justifiquen.

Por ahora no explicaré estos puntos, sobre todo el asunto de la productividad. Pero, más adelante lo analizaré con mayor rigor e imagen para que constates que, ambos argumentos pueden desarmarse fácilmente, como se desarma a un ladrón que quiere robar un banco con una pistola de goma.

En el pasado, he escrito diversas columnas de opinión sobre el ingreso salarial en medios varios medios, tanto nacionales e internacionales. Me di cuenta de que la respuesta de los lectores —y los *likes*— se contaban en millares. Más importante que los *clicks* en mis columnas, es el hecho de que la gente tiene la necesidad de conocer qué pasa con su salario. ¿Por qué le pagan menos de lo que merece para vivir dignamente?

Las personas están interesadas en todo aquello que llene su cartera. Desean entender la naturaleza del salario y la razón de su pequeñez. ¿Por qué gano tan poco, si me esfuerzo tanto?

Más aún, porque el salario es la única forma de ingresos de millones de familias en este país y en el mundo. Y esto, se vuelve un problema, porque refuerza la característica monopsónica[2] del mercado laboral. Si trabajas más de ocho o más horas al día, es muy complicado tener una fuente alterna de ingreso activo o pasivo, como la renta de un inmueble. Al no haber fuentes de dinero adicionales para los empleados que dedican todo su tiempo a estar en las empresas, el empleador adquiere una ventaja natural en la negociación de la remuneración.

Por otro lado, con el arribo de la tecnología y la automatización en diversos procesos de las industrias y de los servicios, el poder de negociación del empleador se vuelve mayor, dejando prácticamente perdido al trabajador en la negociación.

En todo el mundo, miles de puestos de trabajo están siendo sustituidos por procesos automatizados, digitales y por robots. Por ejemplo, en cuestión de años, los cajeros de los supermercados dejarán de existir, porque actualmente, en varias cadenas locales (y de los países desarrollados) comienzan a establecerse los sistemas de auto pago; en donde tú mismo llegas a la caja y escaneas los códigos de tus productos, empacas tus compras, y pagas. Todo, sin necesidad de la intervención humana.

Sin embargo, esto no sucede en todas las industrias y tampoco pasa a gran velocidad. Lo que es un hecho, es que el cambio tecnológico sienta un precedente sobre los riesgos que enfrentan los trabajadores y la imposibilidad de defender su principal fuente de ingresos.

Ante esta disyuntiva, sería pertinente preguntarnos ¿cómo puede mejorar mi salario? Si cada vez hay menos mecanismos de defensa de este y mayores barreras para conservar el empleo.

Lo cierto es que, ante el contundente desplazamiento de la tecnología en los centros de trabajo en detrimento de la mano de obra, existen dos efectos. El primero, es que la automatización y la robotización de los procesos de producción, elevan, por agregación de factores, la productividad del trabajo. Si un trabajador que antes producía diez unidades por minuto con cierta tecnología es inducido a la utilización de un proceso robotizado; ese mismo trabajador podría multiplicar su producción por minuto. Claro, en este proceso de robotización de la producción, es posible que otros trabajadores sean desplazados por la nueva tecnología y definitivamente, pierdan su empleo.

Sin embargo, creo que el desarrollo tecnológico tiende a desplazar empleos mecanizados, pero no aquellos que utilicen conocimientos y destrezas inherentemente humanas. Por ello, que esta no sea una justificación para no pedir lo que mereces.

¿Para quién es este libro?

Este libro lo escribo para ti, trabajadora y trabajador, empleada, independiente, profesionista o desempleado, que perteneces a la mayoría, y que necesitas conocer la verdad en torno al salario y la manera en la cual puedes modificar el paradigma de ganar poco como empleado.

Mi deseo es que este libro te ayude a entender las razones por las cuales tu trabajo, tu tiempo, tu esfuerzo y vida, valen más que lo que actualmente te retribuyen.

Y que, en la medida que profundices en tu propia experiencia, halles las claves para mejorar tu percepción de lo que puedes lograr en materia de percepciones salariales. Como ya comenté, no me refiero a que este libro sea una guía para pedir un aumento de sueldo. Va mucho más allá, porque esta es una invitación a cambiar el paradigma de la minimización del salario que hemos vivido desde hace años.

Por otra parte, este libro no es para los colegas economistas ni para la academia. El lenguaje que uso es poco técnico y las referencias bibliográficas son escasas, ya que este libro no busca rescatar investigación previa, sino concientizar sobre un hecho fehaciente, pero poco aceptado.

Además, desde mi perspectiva, la investigación académica en términos salariales es relativamente escasa, al menos en México, dado que es muy impopular. No conozco organizaciones que financien estudios ni investigaciones para mejorar la situación salarial de las personas.

Todo lo contrario, la mayoría de los documentos académicos tienden a privilegiar la conclusión de que el incremento salarial es pernicioso para la economía. Por esta razón, es que el avance académico en el tema salarial es incipiente en nuestro país. Su difusión es muy limitada y jamás trasciende.

De nada sirve realizar una investigación académica, si las mentes de quienes lo leen continúan sesgadas y cerradas.

Este libro es para la gente que busca razones y soluciones, no excusas o justificaciones técnicas para un problema que no requiere un galimatías, sino apertura y comprensión.

Mi propuesta

La verdad sobre tu salario revela que tu retribución ha estado en ganga durante muchos años. Más importante aún es el hecho que, desde antes que todos naciéramos, comenzó como una oferta que se perpetuó y agravó con el tiempo. Sin embargo, el costo de la vida que enfrentas ha aumentado más y se ha intensificado durante tus años productivos. Por ello, es que tu sueldo parece estrujarse como babosa en sal.

El objetivo de este libro es ayudarte a entender este punto y a quitarte la venda del falso paradigma sobre ganar poco dinero. Estoy convencido de que el primer paso para cambiar una situación es reconocer la existencia de un error de percepción. Parece que vivimos en una obra de teatro que nos obliga a tomar el papel de conformarnos con ser minimizados en el plano laboral.

Y eso es bastante raro, ya que con toda la información que existe sobre los ingresos de los trabajadores en otros países, nosotros, la economía número 14 del mundo, seguimos pensando que las cosas son como son, porque así debe de ser. No nos detenemos a pensar que algo está mal; aunque lo intuimos, no hacemos nada para remediarlo. Mejor es, distraerse en banalidades que cumplen el cometido de desviar nuestra atención y el enfoque en el mejoramiento de nuestras vidas.

¡Ya no estamos en oferta!
Es la segunda parte de este concepto que te presento en este libro. Y se refiere a cómo cambiar nuestra manera de pensar y de concebir nuestro valor en el mercado de trabajo. Para eso, antes, te explicaré cómo nos conciben la economía y sus agentes en términos de nuestra contribución a la renta. Esto ayudará enormemente a entender la valía de nuestro trabajo.

Espero que disfrutes esta lectura, pero más importante será, que cambies tu propio paradigma y te enfiles, hacía una mentalidad en la cual, en primer lugar, valores tu valor y el de tu limitado tiempo. Y, por otra parte, que tomes decisiones transcendentales para moldear tu vida de tal forma que te enfoques en tus fortalezas, y llegues a ser la mejor versión de ti mismo.

¿QUÉ ES EL SALARIO? COSTO, PRECIO O IMPUESTO

La visión de quien lo recibe

El salario tiene dos vertientes muy significativas, la de quien lo recibe y la de quien lo paga.

Para el que lo recibe (el trabajador), es el dinero que paga las cuentas, que compra la lista en el supermercado y cubre muchas otras necesidades. Pero, fundamentalmente, el salario nos da una identidad material en nuestra apabulladora sociedad consumista.

El salario es el sustento, la forma de vida y el determinante de nuestra clase social, independientemente, si el sueldo corresponde a un obrero, a un gerente o a un director. Además, tener un sueldo significa contar con un empleo, que implica poseer un referente de quiénes somos y qué aportamos a esta sociedad.

Por ello, el sueldo es como un espejo que refleja cómo nos vemos nosotros mismos, y cómo nos ven otros. Cuando perdemos el empleo, es como si nos quitaran ese espejo y no pudiéramos ver nuestra imagen reflejada. Desde un punto de vista emocional e intangible, la remuneración salarial es <u>identidad</u>.

Por esa razón, es que la identidad de cada uno debe ser muy cuidada y preservada. A nadie le gusta que pisoteen su creencia de sí mismo. Cuando insistentemente se abarata nuestra identidad, eventualmente, se genera un lastre emocional que provoca descontento individual y colectivo.

Cuando la imagen es sobajada y descuidada, nuestro espejo languidece y se llena de hoyos que no reflejan fielmente nuestra idiosincrasia y sentido de pertenencia. Entonces, surgen rebeldías silenciosas, donde las personas comienzan a buscar maneras alternas de ganar dinero para rellenar los hoyos del espejo. De ahí que, actualmente, una sola fuente de retribución no es suficiente para la manutención de una familia.

Cuando las fuentes de ingreso adicional son incompletas, las rebeldías silenciosas se transforman en las formas ilegales de ganar dinero, y después, en crimen y actividades delictivas. Actualmente, ahí nos encontramos como sociedad.

La razón de la alta criminalidad de México es precisamente, por la deteriorada "identidad" de los trabajadores ante salarios tan bajos en los empleos formales que provee la economía.

Cuando un país tiene remuneraciones en un nivel tal, que puedes voltear al espejo y mirar por completo tu imagen, el incentivo a la criminalidad se reduce sustancialmente.

La visión de quien lo paga: el costo

Para quien lo paga, es decir, para el empleador, el sueldo es un costo. Cuando se planea un proyecto de inversión, la contratación de empleados implica una erogación más. En economía y en evaluación de proyectos, el postulado central es que el empresario minimice todos los costos de producción, incluyendo al trabajo, sea calificado o no calificado. Si un proyecto puede ejecutarse con cuatro empleados en lugar de cinco, ningún empresario que maximice sus propias ganancias, en su sano juicio elegiría contratar a cinco empleados.

En el aspecto social, el empresario que genera empleos es un héroe. Porque se vuelve un proveedor de sustento para cientos, o miles de personas y de sus familias. Con toda razón, el empresario es dignificado como el generador de empleos de la sociedad. Digamos que, el empleo tiene dos caras desde el punto de vista del empresario; por un lado, es un costo que hay que minimizar y, por otro, es un acto socialmente muy respetable y plausible.

Cuando los políticos lanzan sus campañas, siempre apelan al empleo como un emblema de sus promesas. Los políticos juegan con el sentimiento de los votantes, prometiéndoles trabajos. El problema es que los gobernantes no dan empleos. Los trabajos son el efecto de una expansión empresarial y de nuevos proyectos que ejecutar. Y esos proyectos conllevan costos, ingresos y tasas de retorno. Para que las utilidades del empresario sean máximas, los costos deben ser mínimos. Por ello, el primer incentivo de un empresario es utilizar la menor cantidad de recursos, de tal manera que la contribución de cada empleado al proyecto sea la mayor.

Demos un ejemplo visual. Imagina una taquería, donde como

generalmente sucede, la sección de los deliciosos tacos al pastor se encuentra siempre separada de la parrilla principal.

Generalmente, los tacos al pastor son preparados por una sola persona. Es poco común ver más de un taquero haciendo este trabajo. En la mayoría de los casos, tener a un solo taquero en el trompo de pastor es suficiente para un local completo y para atender a todos los comensales, incluso en las horas pico de demanda.

Si el dueño del local contratara a un segundo taquero para ayudarle al que está cortando la carne, quizá el número de tacos preparados aumente muy poco. Esto, debido al tamaño del trompo y al hecho de que, solo una persona puede tomarlo con sus manos y hacer los cortes precisos.

Si fuera el caso contrario, es decir, que un segundo taquero duplicara la preparación de tacos en el trompo, entonces, siempre veríamos a dos empleados en la susodicha sección. Pero no es el caso. Incluso, dos taqueros podrían estorbarse y hasta cortarse un dedo. Por ello, el dueño de la taquería nunca emplea a más de una persona para preparar esa variedad, ya que, por experiencia, sabe que el costo de un taquero adicional es mayor y no compensa las ventas adicionales.

Esta sencilla analogía aplica para cualquier proyecto de inversión.

En suma, todas las empresas que contratan empleados tienen la lógica de contratar personal hasta el punto de que cada empleado ya no aporte a las ventas, como el caso del taquero.

Sin embargo, hay empresas que dejan de contratar antes de llegar a ese punto. Diversas taquerías usan a una sola persona para hacer los tacos al pastor y los tacos de la parrilla. Y ahí está, el pobre empleado, moviéndose tan rápido como puede.

Esto significa que, los trabajadores tienen que esforzarse más, porque deben compensar a los empleados que se están dejando de contratar. Todos lo hemos vivido alguna vez. Recordemos el típico caso de cuando despiden a un compañero en nuestro trabajo y sus tareas se reparten entre el resto del equipo, por siempre y para siempre.

El salario como precio

Como expliqué antes, para el empresario, la remuneración es un costo.

Para el empleado, su trabajo, tiempo, esfuerzo, experiencia, educación y demás cualidades, tienen un precio en el mercado. Por definición, un precio conlleva márgenes que reflejan los valores agregados del bien o del servicio.

Sin embargo, este axioma casi nunca se cumple, y en realidad, el precio del trabajo acaba igualando al costo que enfrenta el empresario por contratar. En otras palabras, el empleado que será contratado recibe una oferta por debajo del precio (remuneración) que desea percibir, y tiene que aceptarla.

No me ha tocado ver que un obrero recién contratado haya negociado su salario de entrada.

Quizá algunos ejecutivos lo hagan. Esto se debe, simplemente, a la escasez relativa de ejecutivos con ciertas habilidades en relación con la sobreoferta de obreros con menor calificación. Los trabajadores con menores habilidades son fácilmente reemplazables y las empresas los tratan como un *commodity*, es decir, como un costo genérico.

Ahora bien, me gustaría ampliar la explicación de por qué el salario es, en teoría, un precio.

El precio de un bien o servicio contiene una serie de valores tangibles o intangibles, además de la capacidad de negociación y de imposición de márgenes de ganancia, que, sumados, rebasan al costo del producto o del servicio.

Por ejemplo, supongamos que un bolígrafo tiene un costo de producción de $10 pesos. A este costo, debemos añadirle los costos administrativos, de flete y el margen de la negociación con el negocio que venderá al detalle este producto. Posteriormente, el comercio que vende los bolígrafos debe añadir un margen de ganancia a cada bolígrafo, que depende de sus propios costos y de las utilidades que desea generar.

En el caso del trabajo, sucede algo similar. En teoría, la educación, los años de experiencia, las habilidades duras y suaves del trabajador, y otras monerías, son atributos diferenciadores entre un trabajador y los demás. Más aún, este tipo de habilidades adquiridas tienen un valor-precio por sí mismas, ya que agregan valor (la mayor parte de las veces medible) a la actividad que desempeñe el trabajador.

Por ello, supuestamente, las habilidades deben ser sujetas de cobro de un margen por parte del empleado. Un margen que implica un precio de mercado. El problema es que, en la práctica, el empleado no tiene poder de negociación, o tiene muy poco.

Más bien, el empleador, con un incentivo natural a minimizar los costos, ejerce en mayor o en menor medida una influencia del tipo monosposonista (es decir, que es el único contratante de trabajadores) y, por lo tanto, puede rebajar el precio del trabajo, hasta que éste aproxime asintóticamente a su costo. Por ello, podemos decir que, el precio del trabajo aproxima a su costo. ¿Cómo lo podemos demostrar?

Actualmente, los contratadores de personal se conforman con el trabajador más barato que esté disponible en el mercado. No les importa contratar a alguien sin experiencia, cuando lo que importa es que el costo de ese trabajo sea el menor.

Lo que hacen los ejecutivos de recursos humanos es investigar el salario de mercado de cierta posición y compararlo con lo que su empresa puede pagar. Si lo que pueden pagar es superior al salario promedio de mercado de esa posición, entonces, están en la posibilidad de contratar a alguien con mejores habilidades que el promedio. Por el contrario, si "no tienen presupuesto" para pagar un sueldo, cuando menos, igual al promedio del mercado, se conforman con lo que haya a ese precio; es decir, con el trabajador más barato.

Más adelante, expandiré este punto, usando al salario mínimo como ejemplo. Es muy interesante analizar los efectos perversos que tiene esta miniremuneración en el mercado de trabajo. Hoy en día, no debería ni existir.

El ingreso no monetario

Además del dinero que cobramos en efectivo, el empleador está obligado por la ley a ofrecer prestaciones sociales, donde las más importantes son: seguridad social, vacaciones pagadas, utilidades, aguinaldo, prima de antigedad, previsión social y otras, de menor importancia y sustancia.

Al ingreso no monetario de un trabajador, se le conocen como prestaciones y en la práctica, estas se calculan como un porcentaje relativamente bajo del salario. Sin embargo, para el empresario, no es lo mismo el precio del trabajo que identifica al trabajador, que el costo del trabajo que tiene y puede pagar. El empleador debe pagar las aportaciones de seguridad social, las prestaciones sociales y en ocasiones, algún impuesto de nómina.

De acuerdo con una encuesta de sueldos y prestaciones nacional, si, por ejemplo, un cajero gana $10,000 pesos al mes brutos, un 23% adicional sobre el sueldo bruto corresponde a las prestaciones sociales garantizadas por la ley. Un 7.7% adicional, a las prestaciones no garantizadas por la ley. En total, la compensación bruta que corresponde al sueldo de $10,000 pesos, es 14,000 pesos al mes. Y, el costo para la empresa por contratar a ese trabajador es, 18,888 pesos mensuales. Esto refuerza nuestro argumento de que el incentivo para el empleador es minimizar el precio del trabajo. A mayor percepción salarial, mayor es el costo total que tiene que pagar el dueño del negocio. Ya que, el costo para la empresa por contratar empleados adicionales es significativamente mayor que el salario que percibe el empleado.

En este punto, tenemos que hacer una precisión muy importante. En México, las leyes fiscales nunca favorecen la contratación de nuevos trabajadores. El contratar nuevos empleados se vuelve un lastre para el empresario, y trata de evitarlo. Por ello, surge, por un lado, la práctica de la informalidad en la contratación. Por otro lado, aparecen las empresas de subcontratación para supuestamente, aliviar la pesada carga que tiene que pagar el empresario al gobierno por concepto de impuestos a la nómina, prestaciones al trabajador y de seguridad social a nivel federal.

Por otro lado, existen otras prácticas ilegales dentro de las empresas, como, pagar la mitad del sueldo registrado en la nómina de la empresa, y la otra mitad, por honorarios, a fin de evitar el costo real de la contratación. Todas estas argucias y trampas afectan negativamente a la generación de empleos, y, sobre todo, afectan al trabajador.

El otro punto que deseo mencionar es el injusto tratamiento legal que se da a las pequeñas empresas y a los emprendimientos para contratar empleos, en relación con las grandes empresas.

Para una gran empresa con acceso a los mercados, al financiamiento y hasta al poder político, el costo de contratar a un empleado es el mismo que el costo que enfrenta un emprendimiento cuesta arriba. Así como los impuestos son regresivos, los costos de contratación también lo son, ya que, privilegian la contratación de nuevos empleados para las empresas grandes, y castigan a las pequeñas empresas y a los emprendimientos. Las empresas grandes deberían pagar una proporción mayor que las empresas pequeñas en términos de prestaciones y de seguridad social. O al revés, las empresas pequeñas deberían estar exentas de estos pagos, al menos durante su desarrollo temprano.

Estas rarezas de los mercados de trabajo (cobrar lo mismo a las empresas grandes y pequeñas por contratar) impactan negativamente en la formación de nuevos empleos, favoreciendo la informalidad y la ilegalidad de la contratación, o simplemente, la no contratación.

Debido a que el tema de este libro no son las prestaciones laborales, sino el salario monetario y su bajo nivel, no ahondaremos más en este punto. Sin embargo, es importante considerarlo en términos que dimensione fielmente en dónde se encuentran los hoyos del espejo y quienes son sus causantes.

CIFRAS DE LA DESIGUALDAD SALARIAL

Una breve semblanza

La mejor prueba de que en México los salarios son de bajo nivel, es el propio termómetro que tienen las personas en su bolsillo. La pregunta sería, ¿qué porcentaje de la población lleva una vida holgada, y qué porcentaje lleva una vida apretada?

Esa pregunta es muy fácil de responder con algunas cifras oficiales. Sin embargo, antes de entrar en esa materia, hablaremos de la política económica de México que precedió a la situación salarial actual. Prometo ser breve y no aburrirte con historias inservibles.

Desde que muchos de nosotros nacimos, México ya vivía en algún tipo de crisis económica. De hecho, esa fue la razón por la que me incliné a estudiar economía, y seguramente, muchos otros colegas también lo pensaron así.

Voy a dar un ejemplo sencillo e inspirado en una historia que me tocó ver. Supongamos que alguien viene a México de otro país y no hizo la tarea de investigar cuánto pagan aquí, y tampoco sabe el costo de la vida.

La empresa que contrató al foráneo lo sabe y le ofreció un sueldo muy por debajo de lo que pagan en su país de origen. Él aceptó la oferta. De entrada, ya gana poco, y ese salario apenas le alcanzará para pagar las cuentas del mes.

No obstante, pasaron los años en esa empresa, y al trabajador inmigrante le aumentaron el sueldo cada año, solo en función de la inflación. Al final de veinticinco años de servicio en esa empresa, nuestro amigo inmigrante se retiró casi con el mismo sueldo con el que comenzó, neto de la inflación acumulada en esos 25 años. Casi no tiene ahorros y el fondo de su pensión le dará para medio vivir.

Eso, precisamente es lo que sucedió en México desde hace un par de siglos. Nuestro país tuvo una diversidad de pugnas y de guerras internas y, sobre todo, falta de instituciones. La conciencia de clase y la esclavitud sentaron las bases para la desigualdad social y la repartición de la riqueza. Ese es un tema muy amplio, pero es necesario, al menos mencionarlo para entender en dónde nos encontramos parados hoy en día.

Con el tiempo y muchas revueltas, llegó cierto nivel de progreso a principios del siglo veinte, pero las remuneraciones no se movían. En lugar de que los salarios aumentaran en función de ese desarrollo y progreso de México, se quedaban inertes, como en el ejemplo de arriba. Existen numerosas exposiciones que nos revelan que durante el Porfiriato la desigualdad social y de clases de disparó. Los trabajadores de las haciendas, de los ingenios y de las minas eran algo así como esclavos, sin derechos laborales y fueron explotados durante largas y extenuantes jornadas laborales. Conozco el caso de la industria petrolera y la manera en la cual las empresas extranjeras trataban a los empleados petroleros. De hecho, para los que no lo saben, la expropiación petrolera de 1938 fue un movimiento laboral, no un conflicto petrolero.

A principios del siglo veinte, no existía la facilidad y rapidez de la información que hoy tenemos, y las personas eran preponderantemente analfabetas. Por ello, las negociaciones salariales no existían y se pagaba al obrero lo necesario para sobrevivir y no morir de inanición.

México continuó con su desarrollo económico bajo la misma premisa, es decir, iniciando con niveles de remuneraciones bajos años atrás.

En épocas posteriores, a lo sumo, los salarios mínimos se

llegaron a cuadruplicar en el año de 1976, con respecto a los años previos, netos de la inflación. El único auge salarial que ha vivido este país sucedió entre 1970 y 1982, que es cuando el sueldo mínimo registró sus valores más elevados. México vivió unos años de auge petrolero, de abundancia de recursos y créditos del exterior, así como una acelerada industrialización. Sin embargo, desde el año 1976 se suscitaron eventos económicos que evidenciaban errores en la política económica. Por lo que, las recuperaciones salariales que se vivieron entre 1972 y 1981, se redujeron a pérdidas para los trabajadores, que nunca más volvieron a recuperar.

Con la apertura comercial de México, en el año de 1994, el país cambió su modelo económico por completo, pasando de una economía con una industria endeble a una economía altamente maquiladora-exportadora. Precisamente, una de las ventajas competitivas como país productor y maquilador de mercancías, ha sido la predominancia de la mano de obra barata, en relación con Estados Unidos y Canadá.

Con el tratado comercial, cientos de empresas norteamericanas, ensambladoras de automóviles y de electrodomésticos trasladaron sus producciones hacía el nuevo socio maquilador con trabajo barato, reduciendo sus costos de producción. La mayoría de las empresas foráneas continuó invirtiendo en capital y en tecnología, incrementando su productividad total con el uso de procesos automatizados. Sin embargo, los salarios de los obreros de estas industrias no son notablemente mayores que los del resto de las industrias en México.

Aunque la remuneración salarial se ha incrementado lentamente en el tiempo, y lo hace por debajo de la inflación, esa no es la causa real de la crisis salarial mexicana. La razón, estimado lector, es que siempre debes hacer una distinción entre el nivel y la tasa de cambio de una cifra. Si empezaste con un nivel bajo, no esperes aumentos de cien o mil por ciento. Eso nunca pasará.

¿Por qué las remuneraciones permanecieron estancadas durante el auge del libre comercio?

Desde el año 1988 hasta el año 2018, en nuestro país prevaleció una ideología económica basada en el libre mercado, con poca intervención estatal y casi ningún proteccionismo por parte del estado. En algunos círculos se le conoce a esta doctrina, como neoliberalismo. Hay una gran cantidad de analistas que continúan atascados bajo esta ideología. No obstante, el neoliberalismo ha demostrado ser un fracaso en lo general y en algunos aspectos particulares.

Las fallas del neoliberalismo dieron pie al surgimiento de los regionalismos y nacionalismos económicos. Ahí tenemos a Donald Trump y su arrolladora victoria de la mano de un discurso nacionalista y proteccionista; al *brexit*, al bloque antidólar China-India-Rusia, a las izquierdas latinoamericanas, y otros más.

Durante las tres décadas de la apertura comercial con el tratado de libre comercio con América del Norte, México se atrevió a competir con los países desarrollados, usando como palanca de emergencia, a su mano de obra barata como atractivo a la inversión y con algunos recursos naturales, como la minería.

La llegada de las maquiladoras en el norte del país trajo tecnificación a la industria local. Esto significa que, independientemente de la mucha o poca agregación de valor que provea la actividad maquiladora, la productividad del trabajo si se incrementó gracias a la inversión; sin embargo, las remuneraciones se mantuvieron constantes.

Por ejemplo, los salarios promedio netos de inflación, por persona en empresas maquiladoras se ubicaron en $9,786 pesos para obreros y $29,966 pesos para empleados administrativos en agosto de 2019, según INEGI[3]. Nuevamente, lo que queremos enfatizar es el nivel salarial, no su tasa de cambio en el tiempo. No es importante si esta remuneración que puse como ejemplo aumentó en el tiempo, neto de la inflación. Es más relevante analizar el porqué del bajo nivel que mantiene, aún después de casi treinta años de que México participa en uno de los tratados de libre comercio más grandes del mundo.

Para que el país continuara siendo competitivo con respecto a sus socios comerciales y otros competidores, las remuneraciones a raya debían mantenerse, con incrementos al margen.

Recordemos el ejemplo que di del trabajador que emigró a otro país aceptando un sueldo bajísimo. En el caso mexicano, los salarios han estado históricamente en niveles bajos. Si a esto, añadimos el efecto que el libre comercio con sesgo hacía la maquila tuvo en las remuneraciones, el resultado es una precarización aún mayor del ingreso salarial.

Digamos que, en términos comerciales, México le ha hecho trampa tanto a Estados Unidos como a Canadá, manteniendo artificialmente un control del precio de los salarios, a fin de mantenerse atractivo como destino de inversión y como maquilador. China ha hecho algo similar. Y esto, lo saben en Estados Unidos y en Canadá.

De hecho, una de las condicionantes para la aprobación del nuevo tratado comercial T-MEC en 2019 o en 2020, es precisamente, que México refuerce su marco legal en materia laboral. Estados Unidos ha mostrado públicamente su malestar por esta infracción cometida por México y sus funcionarios, en aras de mantenerse como el maquilador preferido de la región.

Durante muchos años – y cualquiera lo puede constatar en las hemerotecas– , diversas voces del liderazgo económico de la época neoliberal pugnaron, insistentemente, por no aumentar los sueldos y salarios más allá de lo que aumentaron los precios de la economía.

Desde mi punto de vista, los funcionarios públicos que defendieron el congelamiento de los ingresos en México, incluyendo a presidentes, son violadores de la Constitución y deberían ser juzgados, cuando menos por la historia, como los más grandes "salariocidas" de México. La razón, es que ellos son, los partícipes intelectuales del crimen contra las ganancias de millones de trabajadores y causantes del empobrecimiento de la población al paso de los años.

El argumento para mantener los salarios al margen era la supuesta inflación que causan dichos aumentos. Para los líderes económicos de esa época, la inflación era generada casi únicamente por los pagos a los trabajadores. Por ello, había que mantenerlos estancados, ignorando los incrementos positivos de la productividad de los factores de la producción. Cada vez que escuchaba a uno de estos líderes, banqueros centrales, secretarios de hacienda o cualquier otro, pensaba que no era culpa de ellos mentir con descaro, sino de las personas que ciegamente creían en sus credenciales compradas con base en prebendas y privilegios, en algunos casos malogrados. Por esta razón escribo este libro, para desenmascarar sistemáticamente esta mentira y poner el tema en una dimensión más justa.

Es altamente improbable e impensable que, sectorialmente, un país que recibe grandes cantidades de inversión en maquinaria, investigación y hasta en procesos robotizados, no haya incrementado su productividad durante treinta años.

Lo que hay que reconocerle a estos gobiernos llamados neoliberales es la forma en la que, junto con los líderes sindicales del momento, mantuvieron al país prácticamente libre de huelgas. En otro país y en otro tiempo, la política de contención salarial hubiese provocado revueltas, estallido social y hasta una revolución.

Y ¿saben qué? Si hay una revolución en este país. La diferencia es que la nueva lucha armada que vivimos hoy, se llama inseguridad pública, que es consecuencia de la constante falta de oportunidades y de la opresión de las clases más vulnerables. No es una lucha entre la clase oprimida y el poder, sino, una lucha entre todos.

Así que, no nos hagamos ilusiones sobre lo bien que está nuestro país. México debe cambiar. El tejido social está descompuesto y una de las causas principales, es desde mi punto de vista, la silenciosa afrenta contra las remuneraciones de los trabajadores que se intensificó con el neoliberalismo económico.

Desde la campaña del hoy presidente de México, Andrés Manuel López Obrador, los otros candidatos modificaron su punitivo discurso sobre los salarios, favoreciendo "incrementos" en el mínimo. Algunas organizaciones tradicionalmente conservadoras como la Coparmex modificaron su visión, y también apoyaron los aumentos al salario. ¿Hipocresía, o evolución de un pensamiento arcaico?

Las cifras de la vergenza

Las cifras sobre las bajas percepciones salariales en México son por demás contundentes y se pueden mirar desde diversos ángulos y usando varias métricas. Sin embargo, es mejor tomar las cifras oficiales y explicarlas de forma simple para no provocar el sueño a los lectores.

La información salarial más contundente en México es, desde mi punto de vista, la Encuesta Nacional de Ocupación y Empleo (ENOE), del Instituto Nacional de Estadística y Geografía (INEGI). Los registros salariales del Instituto Mexicano del Seguro Social (IMSS) solo aglutinan a una "élite" de 20.4 millones de trabajadores asalariados con prestaciones laborales. Dado que el restante, 34.77 millones de trabajadores no cuentan con las prestaciones sociales previstas por la ley, salen del ojo del instituto. Desde aquí puedes darte cuenta de la precariedad de los beneficios de los trabajadores mexicanos y del poco alcance que tiene el IMSS para atender a todos los ciudadanos.

Según INEGI, al tercer trimestre de 2019, en México hay 55.2 millones de personas ocupadas. Es decir, personas que trabajaron o realizaron alguna actividad independiente, durante al menos una hora en la semana de referencia. Incluye también, a los ausentes en el trabajo, pero que se encuentran vinculados a dicha actividad.

La gráfica 1. es clave para entender los ingresos en México. Como esta indica, 17.5 millones de personas dicen[4] ingresar 1.5 salarios mínimos de 2019, o el equivalente a $4,620 pesos mensuales aproximadamente.[5]

Según esta información, de los 55.2 millones de ocupados, 42 millones, cerca del 76% reciben entre cero[6] y $7,700 pesos mensuales.

Gráfica 1. Distribución de la población ocupada por nivel de ingreso

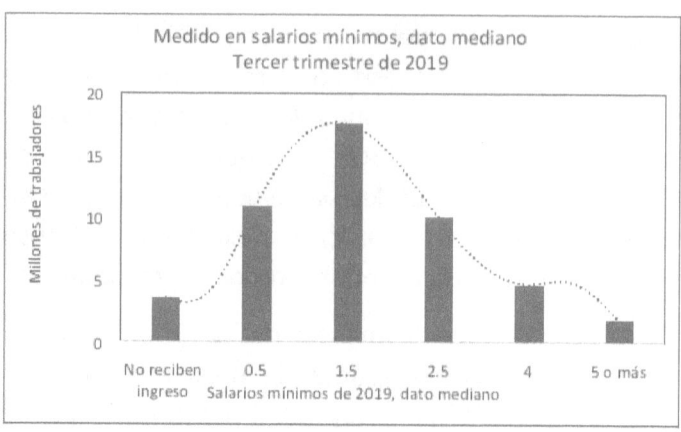

Fuente: El autor con datos de la ENOE, INEGI, 2019.

Por su parte, la gráfica 2. despliega la distribución de asegurados en el IMSS, de acuerdo con el salario de cotización con el cuál están registrados. Sin embargo, el rango salarial está reportado en unidades de medida y actualización (UMA), que es una referencia que se usa para el pago de multas federales y locales. El valor de una UMA en 2019 es $84.49 pesos diarios, por lo que es inferior al salario mínimo del periodo. La gráfica indica que siete millones de trabajadores perciben hasta dos UMA's, es decir, hasta un máximo de $5,069 pesos mensuales.

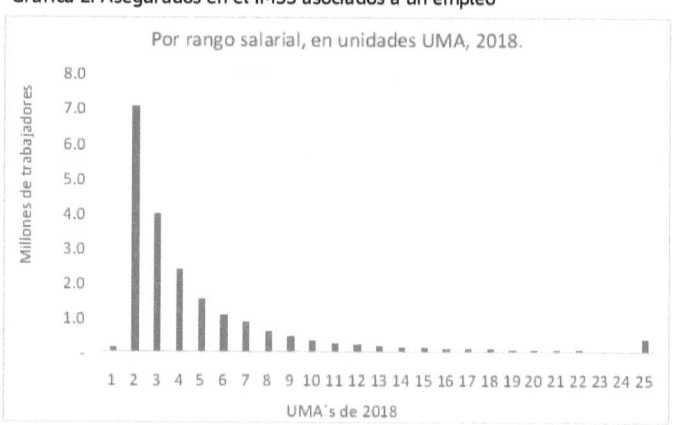

Gráfica 2. Asegurados en el IMSS asociados a un empleo

Fuente: El autor con datos del IMSS, 2018.

En suma, parecen suficientes estas dos gráficas para describir la situación salarial y de ingresos de toda la población ocupada del país. ¿Qué conclusiones podemos sacar de ambos diagramas? La principal, es que hay un sesgo muy pronunciado hacía los ingresos más bajos.

Sin embargo, como comenté anteriormente, el mejor termómetro salarial, es el que tú mismo tienes dentro de tu bolsillo y el cual registra los movimientos descendentes de tu efectivo a final de la quincena. Por esta razón, lo relevante de tu retribución es el ritmo de consumo que te permite realizar. El presupuesto que asignas a los distintos rubros de gasto que tienes y lo que te sobra para ahorrar.

Más aún, es más importante conocer tu opinión, si consideras que lo que recibes por tus ocho horas de trabajo diario (o más) está debidamente compensado con ese ingreso.

Si estimamos el monto de salario mediano más frecuente de la gráfica 1., el resultado es aproximadamente $4,600 pesos mensuales brutos. Para hacer un presupuesto mensual con este monto, partiéndolo como un pastel en rebanadas, tendríamos que considerar los gastos más básicos de una persona y de sus dependientes familiares. Erogaciones como, alimentos, médicos y medicinas (para los millones que no tienen prestaciones de salud), transporte, ropa, vivienda y utilidades. Es posible que, muy apretado, el sueldo alcance para una persona para sobrevivir. ¿Y para una familia con niños?

De acuerdo con estándares internacionales, pero no comparables entre países, en México una persona que vive sola e ingresa menos de $3,780 pesos mensuales, pertenece a la clase baja; si la persona gana entre $5,040 pesos y $10,081 pesos mensuales, entonces, está en la clase media. Para pertenecer a la clase alta la persona requiere ingresar más de $10,081 pesos mensuales. Pero, si el hogar cuenta con cuatro miembros, como generalmente sucede en México, la percepción debe situarse entre $7,561 pesos y $20,162 pesos, para ser parte de la clase media. Más allá de este límite, el hogar es de clase alta.

La encuesta de ingreso y gasto de INEGI nos indica cuánto perciben y en qué gastan su dinero las personas, dependiendo de cómo varíe su riqueza, desde los más pobres, hasta los más ricos.

Puedes ver diversas notas periodísticas donde se da cuenta de esto. Sin embargo, te comento que a alimentación llega a ser hasta 40% en las comunidades de menos de 2,500 habitantes. Y, de 50% para el 10% de los hogares más pobres en el país.[7]

¿Quién o qué define los salarios y cómo lo hace?

Se supone que existen mercados de trabajo. Al menos es lo que enseñan en los cursos de economía. Un mercado es un arreglo virtual y no necesariamente físico, donde oferentes y demandantes negocian para ofrecer y comprar un bien. Sin embargo, los mercados tienen múltiples fallas por diversas razones.

En la práctica, el mercado de trabajo no es en mercado. Sencillamente, una empresa pública u ofrece una oferta de empleo, e inmediatamente, surge una fila de aplicantes para la misma posición. Claro, mientras más atractivo sea al empleo, más gente estará interesada, y viceversa. Con todas las asimetrías de información que existen, los mercados dejan de ser eso.

En este punto debemos hacer una distinción clave. En México, un 87% de las empresas son microempresas. Es decir, negocios que tienen desde cero hasta cinco empleados. Típicamente, las empresas con cero empleados son emprendimientos, donde el propietario es quien realiza todas las labores de operación y ventas.

Ya en diversas oportunidades he comentado que nuestro país, es uno de emprendedores.

Si las empresas mexicanas pagaran bien a sus empleados en lo general, el país tendría menos emprendedores, porque más personas estarían atraídas por los trabajos de las empresas empleadoras.

Pero, con casi $4,000, $8,000 pesos al mes, o el sueldo que sea, las personas se ven en la imperiosa necesidad de emprender en algo, persiguiendo un sueño que en la mayoría de los casos no llega a materializarse.

El emprendimiento es una actividad cuesta arriba, demandante y en múltiples ocasiones es decepcionante. Por ello, subrayo que uno de los problemas económicos de nuestro país y que genera un efecto dominó, son los bajos salarios. México nunca mejorará sustancialmente – de hecho, empeorará– si no hace algo por redistribuir las ganancias generadas en esta economía de libre mercado.

Ser emprendedor no es algo malo, sin embargo, no es positivo cuando se emprende por necesidad que por vocación.

Voy a compartirte una reveladora cifra que nos demuestra que emprender en México no es miel sobre hojuelas.

De acuerdo con la información preliminar del Censo Económico 2019 de INEGI, entre el año 2014 y el 2018, murieron en nuestro país un total de 1.9 millones de negocios; aproximadamente, 384,000 por año. Es cierto que nacieron un número mayor de emprendimientos que los fenecidas, sin embargo, lo difícil del emprendimiento es mantenerse, no comenzar.

Si existieran apoyos públicos para los emprendedores de nuestro país, un piso parejo en el acceso a los mercados, competencia leal y financiamiento, la mortalidad de las empresas sería mucho menor. Al paso del tiempo, los pequeños negocios podrían ser generadores de empleos bien pagados.

Pero eso nunca va a suceder, porque supongo, que a las élites no les conviene. Esta es una de las grandes fallas del libre mercado y del neoliberalismo. El mercado falla cuando hay inequidad en el acceso a los bienes y servicios, cuando la balanza favorece a unos, en detrimento de otros. En este caso, las microempresas son las víctimas de un sistema que les exige escalar una pendiente de 85 grados, a paso veloz.

...solo un par sobrevive ese viacrucis.

Los mercados de trabajo no funcionan, y la teoría económica que enseñan en las universidades es, en este sentido, inútil, anecdótica e impracticable, porque no explica fehacientemente los fenómenos económicos que impactan a los ingresos de los trabajadores de este país.

México es el país de sálvese quien pueda. La mentalidad prevaleciente es, "si puedes aprovecharte de la desgracia del vecino en nombre del libre mercado, hazlo".

El punto es que, dado que el 87% de las microempresas generan aproximadamente 40% del total de empleos del país, es de esperarse que la calidad de esos empleos sea muy precaria y sus remuneraciones también. Si una empresa nace y muere a los pocos meses o al par de años, como sucede en la realidad, ¿qué conocimiento habrá generado? ¿Qué nivel de productividad alcanzó?

El incentivo laboral que genera el emprendimiento por necesidad es que, nadie quiere trabajar ahí, sino en las grandes empresas. Quienes tienen una ventaja inicial para atraer a los trabajadores mejor calificados. ¿Alguien en su sano juicio, trabajaría en un emprendimiento con alta probabilidad de muerte, a los pocos meses de concebido?

El hecho de que los mini sueldos de las pequeñas empresas sean los preponderantes en los "mercados" de trabajo a nivel nacional y regional, genera el segundo incentivo-distorsión del mercado de trabajo, que las empresas grandes también aprieten los sueldos que pagan.

Las grandes corporaciones ganan de cualquier manera. Porque, por un lado, tienen un enorme *pool* de dónde escoger a sus empleados; por otro lado, gracias a la inercia que generan los bajos salarios de las pymes, pueden darse el lujo de pagar menos.

De esta manera, las grandes empresas aumentan su poder de negociación y su calidad de monopsonistas en el mercado de trabajo.

En realidad, estamos en un círculo vicioso que se perpetúa con el tiempo. El emprendimiento en México hecho por necesidad está impactando negativamente a las remuneraciones de toda la economía.

Además, hay otros elementos, como el salario mínimo que también juegan contra el nivel de percepciones en el país. Más tarde en otro capítulo me extenderé en este punto.

COMPARATIVOS INTERNACIONALES: CANADÁ, EL PAÍS DE LA CLASE MEDIA

He estado un par de veces en Canadá. La primera vez que llegué a ese país para una estancia de unos meses, me sorprendí de las enormes diferencias con México. Honestamente, no sé ni por qué regresé.

En otra ocasión, me tocó vivir algunos años en Estados Unidos. Aunque ambos países son norteamericanos y anglosajones, las diferencias entre ambos son notables. Estados Unidos es más parecido a México, a mi parecer, que lo poco parecido que es Canadá a nuestro país.

E.E.U.U. tiene una población de cerca de 38.5 millones de mexicanos (cifras del Consejo Nacional de Población), tanto de primera como de segunda generación.

Si uno acude a un McDonald's en Estados Unidos, o, de hecho, a cualquier restaurante, verá que, dependiendo de la ciudad, la mayoría de los empleados son latinos y mexicanos. El caso de las hamburguesas de cadena es notorio, ya que todos estos trabajadores son de origen hispano y perciben el salario mínimo de aquel país.

La persistencia del estancamiento de los ingresos en Estados Unidos y el crecimiento de la desigualdad, está muy bien documentada. Y, una de las razones es que la fuerte migración de trabajadores de menor calificación ha jalado como imán, hacia abajo, los salarios del país vecino. Por eso, digo que, México y Estados Unidos ya se están pareciendo más en este rubro.

Por otra parte, Canadá es un país de clase media-alta. No del tipo de clase media que nos venden en México, que refleja una precariedad del tipo "agárrese quien pueda". Canadá si vive la realidad de lo que implica ser clase media trabajadora, de buen vivir.

La razón por la que Canadá es un país de clase media-alta es que allá, los mercados de trabajo funcionan de una manera más efectiva y eficiente. No están tan viciados como el nuestro y los incentivos legales, como el sueldo mínimo que se ubica en $162.5 pesos por hora trabajada. Quisiera acotar, y lo explicaré más adelante, que la efectividad del sueldo mínimo no depende tanto de su nivel, sino de dónde se ubique con respecto a los otros salarios de la economía.

En el inicio de los tiempos modernos de ese país del siglo veinte, las percepciones eran suficientes para contar con un estándar de vida digno. Al paso del tiempo, los cambios de la productividad y las gestiones de las organizaciones laborales coadyuvaron a incrementar sus salarios de forma más que aceptable. Mejores salarios, implican trabajadores más satisfechos y, por ende, más productivos. En México, la fuerza de empuje fue en el sentido opuesto, hacia abajo.

Hay que recordar que, el tratado de libre comercio de América del Norte (TLCAN) trajo millones de desplazamientos de mano de obra entre los tres países. Esto también está ampliamente documentado, principalmente en Estados Unidos. De este lado del río Bravo, millones de campesinos mexicanos se quedaron sin trabajo y emigraron a Estados Unidos, mientras que, cientos de fábricas trasladaron su producción hacía México, cambiando mano de obra relativamente cara en Estados Unidos, por mano de obra en oferta, del lado nacional.

Por cierto, no conozco simposios internacionales de renombre, en donde se aborden las comparaciones salariales internacionales. Quizá las haya, con fines académicos, pero con poco ruido mediático. No vaya a ser que despierten a los demonios del cambio.

Hace un año y pico, cuando comenzaron las negociaciones entre México, Estados Unidos y Canadá para renovar el tratado de libre comercio, a petición expresa y obligada de Donald Trump, Canadá y algunos de sus representantes abrieron la caja de pandora de los salarios mexicanos y de las relaciones laborales en el país. Muchos de sus representantes laborales están furibundos. Y esto, incluye a los homólogos estadounidenses, liderados por su presidente, quien piensa que México le hace trampa al pagar remuneraciones de risa, en detrimento de los empleos que dejan de generarse en Estados Unidos.

Imagínate que, México paga $8,000 pesos brutos a un obrero, mientras que Canadá paga el equivalente a $39,000 pesos mensuales brutos al mismo obrero; casi 5 veces más. [8]

Que no te engañen, sabemos que en Canadá la vida es más cara que en una ciudad urbana de México, pero, no es para tanto. La vida en una ciudad gélida como Calgary no puede ser cinco veces mayor al costo de la vida en una ciudad manufacturera mexicana. De acuerdo con el sitio web numbeo.com[9], la diferencia entre Calgary y Tijuana es de solo dos veces más cara, pero no cinco veces, como si lo es el ingreso. Cuando vinieron los canadienses a negociar el nuevo tratado comercial,

¿qué crees que pensaron? Yo interpreto que nos ven como un pueblo oprimido y engañado. Si señor.

Los salarios generales de México son bajos en relación con el costo de vida en el país.

Te voy a dar otro ejemplo más revelador. La empresa Apple, célebre por su innovación en dispositivos tecnológicos, produce y vende el mismo teléfono y tabletas inteligentes en casi todo el mundo. Fundamentalmente, produce en sus fábricas distribuidas en países de mano de obra barata, y los vende a precios muy similares en todos los mercados donde está presente.

A la empresa Apple no le importa si los mexicanos pueden o no pagar su teléfono de última generación. Ellos lo venden al mismo precio[10] que en Estados Unidos o que en Europa. "El que quiera azul celeste que le cueste", es como conciben sus negocios de acuerdo con este mantra tropicalizado. La empresa también tiene tiendas físicas en todos los países donde opera y tiendas virtuales. En las tiendas físicas, contrata localmente a vendedores y asesores para que atiendan a los compradores.

Pregunta: ¿Si Apple vende el mismo *gadget* en distintos países al mismo precio, por qué paga sueldos tan diferentes en E.E. U.U. y en México?

Un asociado de ventas (que es el puesto de menor jerarquía en las tiendas de Apple) gana en promedio, el equivalente a $49,924 pesos mexicanos mensuales en Estados Unidos[11]. Mientras que, el mismo nivel de empleo en México percibe $7,161 pesos al mes[12].

Si este tipo de productos se venden prácticamente "solos", ¿qué tipo de calificaciones y competencias hacen que el vendedor norteamericano perciba un salario base casi siete veces mayor que el vendedor mexicano? ¿Si el trabajador mexicano vende más dispositivos que el vendedor norteamericano, le aumentarán el sueldo al primero a la par del segundo? ¡Claro que no!

No puedo imaginarme las conversaciones malinchistas entre funcionarios del neoliberalismo a ultranza y los potenciales inversionistas extranjeros. Es como repetir muchas veces la historia entre *Malintzin* y Hernán Cortés... "capitán, tenemos oro a manos llenas en *Tenochtitlán*".

La siguiente pregunta sería, ¿existe un marco jurídico que permita este tipo de aberraciones de los precios del trabajo? No. Ese tipo de leyes no existe. Pero, tampoco existe otra que las prohíba. Si las hubiera, más de uno ya hubiera demandado.

En términos de protección a los salarios, las legislaciones internacionales no existen. México está adherido a ochenta convenios de la Organización Internacional del Trabajo (OIT). Sin embargo, ninguno de estos convenios habla sobre este caso de trampa salarial entre países.

UN PROBLEMA DE DISTRIBUCIÓN

La riqueza de un país no necesariamente determina el nivel de sus remuneraciones.

Un país rico puede estar acumulando riqueza y mantener estancados sus salarios. Como ejemplo, tenemos a México. Nuestro país está dentro de las primeras 15 economías del mundo en términos absolutos, lo que podría considerarse un país rico. Sin embargo, en materia de pobres, en México hay 52.4 millones de personas en esa situación. Más aún, el país alberga a 61.1 millones de personas, con un ingreso por debajo de la línea de pobreza por ingresos[13]. Es muy lógico pensar que una economía rica, con este nivel de pobreza, no está repartiendo las rentas. No necesitamos erudición para deducirlo.

Sin embargo, algunos economistas mercenarios impávidos se atreven a decir que las remuneraciones no crecen porque la productividad del país está estancada. Hay decenas de países que son menos ricos que México en términos absolutos, sin embargo, los sueldos y el nivel de vida son drásticamente superiores. De hecho, nuestra nación pertenece a la Organización para la Cooperación y el Desarrollo Económico (OCDE), que es un club de treinta y seis países ricos. Solo Chile es el otro país de la región, que forma parte de esta agrupación y claro, como seguramente lo pensaste, Chile tiene mejores ingresos salariales que México.

Las cifras que provee la OCDE[14] son a la vez tristes y contundentes. Por antonomasia, nuevamente podrás deducir que México se encuentra en el fondo de la tabla de países con menor salario anual promedio, debajo de Rusia, Turquía, Estonia, Eslovaquia, Hungría y muchos más del estilo.

La diferencia entre los salarios medios de nuestra economía con respecto al país puntero es de cuatro veces menos, utilizando la medición de paridad en el poder de compra, que básicamente ajusta por el costo de vida de cada país[15]. ¿Recuerdas lo que platiqué líneas atrás, sobre el costo de la vida en Canadá? Bueno.

Por si fuera poco, la OCDE también recolecta datos de sus países miembros sobre las horas trabajadas[16]. Y, ¿qué crees?, efectivamente, una vez más México es el país donde más horas se trabajan y donde menos se cobra. Los mexicanos trabajan en promedio 8.2 horas diarias, de lunes a viernes, sin contar días festivos; mientras que, en Alemania laboran 5.2 horas diarias.

¿Te imaginas trabajar como los alemanes y tener el resto del día para ti? ¿Por qué no lo hacemos?

Mi respuesta es: porque no estamos organizados.

La distribución de rentas

Este concepto me abrió los ojos hace muchos años. Comencé estudiándolo en el contexto de las industrias de aviación comercial y del petróleo.

La distribución de rentas es un fenómeno de repartición de las ganancias corporativas, que generalmente sucede por la coerción que ejerce un agente sobre otro. Llámese sindicato, o cualquier organización de corte antagónico, contra el poder central de una corporación. Sin embargo, hay otros ejemplos, como el caso del visionario Henry Ford, que expondré más adelante y que no proceden de una exigencia laboral.

La distribución de rentas explica la reducción de la desigualdad dentro de una empresa o de toda una industria. En todas las ocasiones de las que tengo conocimiento, siempre hubo un sindicato interviniendo, con gran poder de negociación, que pugnó por una mayor igualdad laboral y salarial.

Como he comentado antes, en los mercados de trabajo casi no existe la igualdad en el poder de negociación. Excepto, cuando hay un poder monopólico o monopsónico que equilibre la balanza entre los factores de la producción, el capital y el trabajo.

En el caso de los trabajadores petroleros de México, Petróleos Mexicanos (Pemex) perdió poder de negociación porque se volvió una entidad pública, a partir de la expropiación de 1938. Es decir, en esta empresa no hay un consejo privado de dueños que mantuviera las acciones de la compañía, buscando maximizar sus dividendos, como sucede en las empresas privadas listadas.

Vamos, no hay un dueño capitalista, sino empleados que sucumbieron a la corrupción y a otros vicios que tienen las empresas públicas. Por esta razón, Pemex equilibró ambas fuerzas, la administración y su cúpula sindical, de tal forma que el sindicato ejerció presión para que la empresa cediera cada bienio para firmar condiciones laborales extraordinarias para los trabajadores petroleros.

Además, donde existe una sola empresa petrolera contratante, se genera un monopsonio. Sin embargo, en Pemex, el poder monopsónico no se concretó, ya que la cúpula sindical siempre tuvo un gran poder de negociación junto con las fuerzas administradoras del partido gobernante. Por ende, se decidió efectuar una distribución de rentas petroleras, entre los administradores burócratas federales y la cúpula sindical, derramando, un poco de ese poder a las bases de trabajadores, para que no respingaran.

La distribución de rentas requiere de condiciones extraordinarias, como ser empresas públicas, con sindicatos fuertes, con mafias y otros elementos. Algo que no sucede en las empresas privadas. Los sindicatos de las empresas privadas son blancos.[17]

El sindicalismo mexicano es muy particular, ya que la opinión pública lo asocia con mafias, corrupción, enriquecimiento y cosas muy poco halageñas.

Tantos años de "lucha sindical" no lograron gran cosa. Quizá algunas propiedades, Rolex y Ferraris, porque los salarios nunca mejoraron el estado inicial de pequeñez, salvo en el año de 1976.

Sin embargo, con todo y los sindicatos, el salario medio del país perdió participación como porcentaje del valor agregado bruto (VAB) de la economía, a partir del susodicho año 1976. De representar 44.8%[18] del VAB[19] en 1976, pasaron a representar solo 27.6% en 2017. En cambio, en Estados Unidos y Canadá, nuestros dos principales socios comerciales y con quienes siempre debemos compararnos, el porcentaje de los salarios se ubica por arriba del 50% de su respectivo VAB, también en 2017.

Las remuneraciones a los trabajadores son un precio, o un costo, como se le quiera ver. Un país rico no puede tener niveles de precios consistentemente altos, dado que es un país económicamente rico. Ya vimos el ejemplo de Apple, que aplica a las industrias armadoras de automóviles y a muchas más. Los bienes y servicios cuestan más o menos lo mismo entre países.

BENEFICIOS CORPORATIVOS Y EXCEDENTES BRUTOS DE OPERACIÓN[20]

INEGI solía publicar los beneficios corporativos hace años. Sin embargo, dejaron de hacerlo. Lo sé porque escribí un par de columnas utilizando esta métrica para determinar cómo crecían los beneficios privados, mientras que, las remuneraciones decrecían.

Estados Unidos, por ejemplo, sigue publicando estas cifras, explícitamente y con toda claridad. A menudo se pueden leer análisis "izquierdistas" que exponen el mismo punto que pretendo hacer aquí.

A pesar de los datos escasos, he podido rescatar algunas series, precisamente de INEGI, y considero que pueden ser útiles para explicar el concepto.

En el caso de México, los excedentes brutos de operación –un equivalente a los ingresos corporativos agregados, incluyendo a la formación de capital, menos el pago de salarios e impuestos

– han crecido como proporción del PIB, pasando de 62% en 1993 y 66% en 2003, a 70% en 2018[21].

Por otro lado, las remuneraciones totales como proporción del PIB han caído desde de 31% en 2003 a, 27% en 2018. Cuando esto sucede, que los ingresos caen como porcentaje del ingreso nacional, significa que el ingreso personal está cayendo, incluso durante las épocas de expansión. ¿Por qué?

Nuevamente, la razón es que no existe un marco jurídico que analice y en su caso, garantice las ganancias del factor trabajo. Te doy un caso real. Si nuestro país creciera a tasas vigorosas, digamos de 3% a 5% en términos reales, ¿el ingreso de los hogares crecería en la misma proporción? La respuesta es no. Hay evidencia de que así ha sucedido en el pasado.

La política de contención salarial de México durante décadas ha ignorado los cambios positivos de la productividad de algunos sectores, industrias y de empresas altamente productivas y tecnificadas, incrementando los salarios solo a la par de la inflación general.

Durante décadas no se han redistribuido las ganancias que produce el crecimiento económico entre los factores de la producción, de forma equitativa.

Los periodos en que México creció más de 3%-4% en términos reales no se tradujeron en incrementos en el salario en una proporción similar. A lo sumo, los salarios aumentaron 0% en promedio, en términos reales, para evitar perder ante la inflación.

Por su parte, durante la época analizada, la formación de capital permaneció alrededor del 20%-23% como proporción del PIB durante el mismo periodo. Esto sugiere que la riqueza se está concentrando porque la inversión permanece constante y las remuneraciones están cayendo.

De hecho, si la inversión se estanca no pueden esperarse aumentos significativos en la productividad. En suma, este círculo de concentración de la riqueza, desinversión, baja productividad y bajos salarios no es coherente con una economía de consumo, porque frena el crecimiento y limita las posibilidades de mejora de los trabajadores.

Y este fenómeno, no creas que solo sucede en México, sino en casi todas las economías industrializadas.

Ley de distribución de rentas y crecimiento de la clase media

¿Te imaginas que hubiera una ley con este nombre? ¿Parece imposible? En la historia de la humanidad y de este país, muchas cosas que parecían imposibles se hicieron realidad.

Hay que imaginarlo, porque por algo debemos empezar, y la imaginación conjunta de millones de trabajadores, es lo que hace una diferencia transformadora.

La misión que tenemos como sujetos del cambio, radica en incorporar a amplios sectores de la población en la participación de los beneficios que genera el crecimiento económico.

El problema de la mala distribución de la riqueza es de carácter ético y de falta de un marco jurídico, más que económico. Por ello, requiere una solución basada, primeramente, en un análisis técnico exhaustivo que produzca recomendaciones, y posteriormente, en la realización de ajustes que estén apoyados en una ley de aplicación general.

Debemos evaluar minuciosamente los incrementos en la productividad de la economía y la redistribución de esas ganancias entre gobierno, empresas, familias y el sistema financiero.

Además, evaluar las curvas salariales con el costo de la vida. Si la línea de salarios ha estado deprimida por décadas habrá que actualizarla, lo que posiblemente implicaría pérdidas para algunos sectores por el efecto redistributivo que conlleva. No obstante, habrá que hacerlo algún día y pagar el precio, por el bien del país.

Una ley de distribución de rentas debe ser aplicada y vigilada por una institución de análisis y procuración del salario, que sea independiente del poder político y del económico, y cuyo objetivo sea redistribuir el ingreso y detener el deterioro del salario de millones de familias.

Finalmente, que no nos digan por ahí que esto causaría fugas de capitales y crisis. No, el problema que atendería esta ley es de distribución, no de asignación de recursos.

LAS MENTIRAS DEL GLOBALISMO (Y DE LAS TEORÍAS DEL COMERCIO)

En la teoría económica moderna o neoclásica, existen algunos modelos que hablan y "predicen" los efectos positivos del comercio internacional sobre el crecimiento económico y la convergencia entre las economías que lo practican. No voy a discutir eso aquí, dado que no es el tema.

El punto es, que supuestamente, un tratado comercial como el TLCAN iba a llevar, eventualmente, hacia una convergencia entre las tres economías participantes, en los terrenos del desarrollo social, económico, además de otras variables económicas.

De acuerdo con algunos autores, el efecto del TLCAN sobre México ha resultado en un incremento en la disparidad entre regiones, aumentando la concentración de la actividad económica derivada del tratado, hacia ciertos municipios fronterizos. En cambio, el sur del país no ha tenido beneficios palpables, sino al revés, su deterioro ha ido en aumento, en relación con el México más cercano a Norteamérica.

No se necesita ser un genio para deducir que la no intervención o planificación del Estado mexicano en el proceso de apertura comercial es una causa de las disparidades regionales. La verdad es que no metieron ni las manos en ningún momento. Solo hasta el sexenio pasado, comenzaron el endeble proyecto de las siete zonas económicas especiales que, por cierto, ya fue cancelado.

Pero... ¡momento!

Los gobiernos si intervinieron, solo que como dijimos antes, participando en la contención salarial durante todos estos años. Solo metieron las manos para lo que convino a determinados intereses, que fue mantener a los ingresos (pagos) tan bajos como se pudiera, a fin de permanecer competitivos ante los socios comerciales.

El tema relevante en materia comercial es que un país pobre no puede comerciar de igual a igual con dos países ricos. Si no me crees, recordemos la amenaza de Estados Unidos de imponer aranceles progresivos a las exportaciones mexicanas. Ese no fue un tratamiento de igual a igual, sino de sometimiento.

Al paso de los años México se convirtió en un *hub* maquilador y productor de automóviles, electrodomésticos, componentes eléctricos, electrónicos y muchos otros productos más. Para ello, necesitó transformarse también en un importador intensivo, para después transformar agregando cierto nivel de valor.

En suma, eso es lo que ha traído el tratado comercial a nuestro país. Porque lo que se dice, convergencia entre economías, para nada. Las tres economías del tratado comercial son bastante desiguales en ingreso, y en algunos rubros, como el avance tecnológico.

Evidentemente, el tratado ha sido por demás benéfico, en la generación de proveedurías locales, desarrollo logístico, de servicios y otros sectores más relacionados con la actividad maquiladora de exportación. Pero nada que ver con las promesas del globalismo económico.

Quienes vendieron esta idea se quedaron cortísimos en sus promesas.

EL SALARIO MÍNIMO

Este es, sin duda, el villano favorito de la situación de ingresos en México. El salario mínimo en este país es una de las políticas más indeseables que puede tener una nación que se jacte de tener un estado de derecho. Un país con instituciones democráticas y con cierto nivel de civilidad no debe tener un sueldo mínimo, y menos, tan bajo.

Cuando un país alberga la política del salario mínimo, significa que, los derechos fundamentales consignados en las respectivas constituciones son violados consistentemente.

Pero, más que eso, si un país defiende a capa y espada a su mínimo, ¡cuidado!

Puede ser que nos estén manipulando sin que nos demos cuenta, utilizando el cuento de la protección a los derechos de los trabajadores. Este es precisamente, el caso mexicano y lo explicaré con más detalle en esta sección.

Considero que no es importante darte la semblanza histórica del sueldo mínimo. Si acaso, algo elemental.

Cuando se instrumentó, hace un siglo, estaban en boga las sangrientas revoluciones en el mundo. Las poblaciones eran preponderantemente rurales, y la gente era laboralmente explotada al borde de su resistencia.

Hoy en día, tener una política salarial mínima es como querer cortarle la cabeza a un paciente con migraña, cuando puede, simplemente, tomarse una pastilla. Es una medicina radical y muy poco efectiva, que genera más males que beneficios.

En nuestro país, el salario mínimo es tan bajo que me extraña que no haya surgido una revolución. En otro país latinoamericano, ya lo hubieran removido o aumentado significativamente.

Cuando el sueldo mínimo es como en Australia, de $3,023[22] pesos diarios, entonces, funciona con efectividad, y como un precio de referencia en el mercado de trabajo.

Sin embargo, México ocupa el lugar 93 en salario mínimo a nivel mundial, medido en dólares comparables. De los países que mantienen esta política, nuestra nación se encuentra en el fondo de la tabla, a pesar de que pertenecemos al club de países ricos de la OCDE. Es una contradicción.

Durante años, se ha violado la Constitución política en su artículo 123, en relación con la remuneración de los trabajadores. De esta manera, el Estado mexicano ha fallado sistemáticamente en garantizar lo consignado en la ley superior.

Como mencioné en el capítulo introductorio, cada vez que alguien levanta la voz en este tema es descalificado y tachado con distintos adjetivos de desdeño. Son pocos los economistas que se atreven a cuestionar el *statu quo* salarial.

Mi pregunta para ellos es, si estudiaron economía e hicieron posgrados en el exterior, ¿por qué no pueden resolver este problema? Quizá, porque la respuesta no se encuentra en la economía, sino en otras áreas de conocimiento.

Además, siempre lo he manifestado, los economistas tienen poco que entender y mucho que aprender en el tema de los salarios. Los más versados y conocedores son los empresarios, quienes son, a final de cuentas quienes, contratan y pagan los sueldos, incluyendo el de los economistas. Entonces, ¿qué puede enseñarle un economista a un empresario sobre su propio salario? En este país, el colmo de un economista es que diga comprender el tema salarial y, sin embargo, sea de las profesiones peor pagadas del país.

El economista tiende a ser dogmático y a tallar en la piedra de su mente, los preceptos que le enseñaron. Incluso, aquellos que fueron al exterior, parece que estuvieron de vacaciones, porque regresaron a México con modelos que no funcionan dentro de la complejidad de los mercados laborales.

Es verdad, en este país tenemos un problema mayúsculo en términos de distribución del ingreso. El problema, es que estamos acostumbrados a vivir así y nos hemos adaptado como sociedad.

Este libro es una llamada de atención a todos nosotros, para que como sociedad despertemos y no seamos manipulados en el nombre de la ciencia económica. Te garantizo que, en economía, como en toda disciplina, todo lo que has aprendido y te han dicho, es cuestionable.

¿Cómo funciona el salario mínimo?

El salario mínimo obligatorio es una antigua política del año 1917, que garantiza a los trabajadores un ingreso mínimo. Es decir, es ilegal pagar menos del mínimo.

Según nuestra Constitución, dicha percepción exigua, debe garantizar un nivel de vida suficiente para el trabajador y para su familia. Algo que, como todos sabemos, no ocurre.

En materia económica, la teoría de la escuela neoclásica postula que el salario mínimo se establece por regla general, por arriba del salario de equilibrio de la economía[23].

Y, ¿qué es el equilibrio? Por ahora, diremos que la remuneración de equilibrio es el punto o rango salarial más frecuente, es decir, donde se encuentran la mayoría de los mexicanos. ¿Recuerdas la gráfica 1 que mostré páginas atrás? Puedes remitirte a ella para aclarar este asunto.

El punto de colocación del sueldo mínimo <u>es clave</u> para entender la ineficacia de dicha política del salario. ¿Por qué?

En un sentido amplio, los impactos que provoca la política del mínimo, cuando se establece correctamente, por arriba del salario de equilibrio, son principalmente dos:

Impactos esperados

1. Genera desempleo. Ya que, con una remuneración más alta, habrá más personas ofreciendo su trabajo, y menos empresas dispuestas a contratarlas a este nivel de sueldo.
2. Premia a los trabajadores menos calificados, dándoles acceso a un empleo de mayor ingreso, inhibiendo la selección de los trabajadores más calificados. Por ejemplo, si un trabajador inexperto es contratado para manejar alguna maquinaria, le tendrán que pagar el mínimo. De otra forma, dicho trabajador recibiría menos pago por su inexperiencia.

<u>No obstante, en México pasa exactamente lo contrario a los dos puntos anteriores</u>, porque en la realidad el mínimo nacional de $102 pesos por día siempre ha estado situado por DEBAJO del salario de equilibrio. Piensa en los impactos de esta política

como los opuestos a los puntos anteriores.

Impactos de la política bizarra de nuestro país

3. *Genera más empleo, pero muy mal pagado. Ya que, con una remuneración más reducida, habrá muy pocas personas ofreciendo su trabajo, y más empresas dispuestas a contratarlas a este nivel de sueldo.*
4. *Castiga a los trabajadores más calificados, dándoles acceso a un empleo de bajísimo ingreso, facilitando la selección de los trabajadores menos calificados. Por ejemplo, si un trabajador experto es contratado para manejar alguna maquinaria, le tendrán que garantizar el mínimo. De otra forma, dicho trabajador recibiría un mayor pago por su inexperiencia.*

Diagrama 1. Mercado de trabajo mexicano con la política del salario mínimo MAL ejecutada

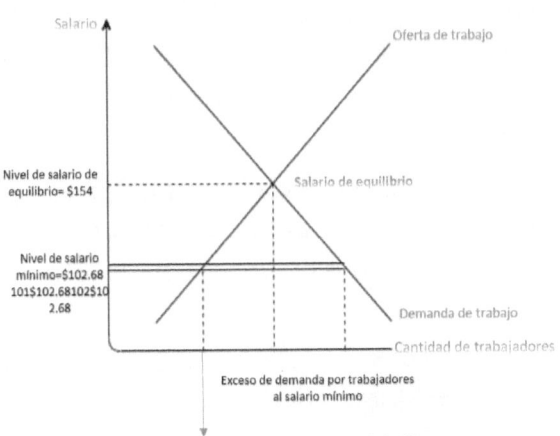

Si recuerdas la gráfica 1 que te mostré páginas atrás, la ENOE del INEGI agrupa y divide las percepciones de los trabajadores en seis rangos, que van, desde los trabajadores sin entradas de dinero, hasta los que ganan más de 5 salarios mínimos que, por cierto, es menos del 5% de los trabajadores del país.

Con base en esta gráfica, sabemos que el ingreso de equilibrio se encuentra, precisamente, entre uno y dos salarios mínimos. La mediana de este rango es igual a $154 pesos por día. En este rango de ingreso se encuentra el 31.8% de la población ocupada de México[24].

La teoría económica establece que el mínimo tendría que estar por arriba de $154 pesos por día para que tuviera los efectos como los enumerados arriba (en los puntos 1. y 2.) y que suceden en otros países del mundo. Sin embargo, en México, el mínimo está por debajo del salario de equilibrio de la economía. Cuando esto ocurre, el efecto es contrario a lo que dicta la teoría (puntos 3. y 4.).

Es decir, hay un exceso de plazas de trabajo que pagan solo $102.68 pesos por día. Y, en paralelo, hay una escasez de trabajadores ofreciendo su trabajo por ese pago. Esto genera subempleo e informalidad.

¿Por qué? Los trabajadores abandonan a los mercados laborales subordinados debido al bajo nivel salarial.[25]

Por otro lado, cuando el mínimo se fija por debajo del salario de equilibrio, implica un castigo para los trabajadores más calificados. Porque, al haber un exceso de plazas que pagan solo $102.68 pesos diarios, cientos de miles de trabajadores calificados que no pueden encontrar trabajos con salarios superiores, deben tomar una de estas vacantes de baja remuneración.

Un dato por demás revelador de la ENOE, es que 1.4 millones de asalariados ocupados con educación media superior y superior, ganan el equivalente a un salario mínimo.

Más aún, 3.67 millones de ocupados con este mismo nivel de educación (superior) perciben de uno a dos salarios mínimos. Estos, son trabajadores educados que son desplazados y castigados por la perniciosa política del mínimo. Más claro, ni el agua limpia.

El salario mínimo funciona como precio máximo, no como precio mínimo

Por definición, en economía un precio mínimo se fija por arriba del precio de "equilibrio del mercado".

Para entenderlo mejor, repasemos el ejemplo de la leyenda "precio máximo al público" que está escrita en todas las cajas de medicamentos.

Si el gobierno desea limitar (topar) el precio de las aspirinas, fija un precio máximo por abajo del precio de equilibrio. El precio máximo genera un exceso de demanda (y escasez). Pero no solo eso. Para satisfacer la nueva cantidad demandada de aspirinas, los productores que estén en posición de hacerlo se ven orillados a reducir sus precios para no salir del mercado.

El precio máximo, independientemente de su nivel, es un mecanismo señalizador que busca reducir el precio promedio general de toda la categoría. Ese es su objetivo.

Lo mismo sucede con el sueldo mínimo en nuestro país. Dado que este se encuentra por debajo del equilibrio, genera un exceso de demanda por mano de obra barata. Sin embargo, no todos los trabajadores estarán dispuestos a bajar sus pretensiones salariales, por lo que habrá escasez.

La brecha entre los que quieren pagar muy poco y los que quieren ganar más, se convierte, en subempleo, autoempleo, informalidad, o en cualquier otra modalidad de ingreso no asalariado y precario.

De acuerdo con cálculos propios de elasticidad, basados en la demanda laboral efectiva de México, el subempleo generado atribuible al salario mínimo actual equivale casi a 12 puntos porcentuales de la población total ocupada.

Es decir, el costo para la economía de tener un salario mínimo de $102.68 pesos por día son más de 6 millones de personas que engrosan las filas del subempleo. El salario mínimo no solo tiene un costo social, sino uno económico.

Al paso del tiempo, el salario mínimo genera un efecto gravedad para las otras remuneraciones

Nuevamente, repasando los datos de la encuesta de ocupación y empleo de INEGI, en el cuarto trimestre del año 2012, 23% de la población ocupada ingresó el equivalente a 1.5 salarios mínimos. Mientras que, 22% ingresó 2.5 salarios mínimos.

Siete años después, en el tercer trimestre de 2019, la proporción cambió notablemente, donde 32% de la población ocupada percibió el equivalente a 1.5 salarios mínimos. Es decir, la población ocupada empobreció de forma acelerada.

Los analistas no saben por qué sucede este fenómeno: la respuesta es, hay un precio máximo que distorsiona a los mercados laborales a encontrar su equilibrio natural.

El dato más revelador de la ENOE es que hay aproximadamente 5.1 millones de ocupados con educación media y media superior, que perciben entre 1 y 3 salarios mínimos. Este fenómeno se debe al exceso de plazas pagadas muy por debajo de su valor de mercado.

Propuestas

Para el caso mexicano existen dos vías, una para regular correctamente al precio del trabajo, y otra para desregularlo por completo.

1) La regla de fijación del salario mínimo

Se basa en instrumentar una fórmula que permita al salario mínimo cumplir su función económica. Es decir, mantenerlo siempre por arriba del de equilibrio que se ubica actualmente en $154 pesos por día.

Primero se requiere determinar una tasa máxima aceptable de desempleo involuntario. Es decir, aquél que resultaría del salario mínimo aumentado, ya que un nuevo salario mínimo desplazaría a los trabajadores que no alcancen un empleo al nuevo salario.

Una vez definida la tasa de desempleo involuntario, la fórmula que propongo evalúa la elasticidad entre el nuevo nivel salarial y el salario de equilibrio.

Si, por ejemplo, el nuevo salario resulta en $200 pesos por día, en un escenario donde todas las demás variables quedan constantes, se genera un máximo de alrededor de 5 puntos porcentuales de desempleo adicional en la economía.

Pero no hay que alarmarse, el escenario donde todo queda constante difícilmente se daría en la práctica porque las empresas ajustan sus precios transitoriamente (inflación) o internalizan en los costos. Y, seguramente, el desempleo generado sería considerablemente menor.

Lo más relevante es que tendríamos un intercambio entre subempleo y desempleo, en un entorno de mayor salario. Es decir, un poco más de desempleo, con mucho menor subempleo.

Considero que un seguro de desempleo funcionaría correctamente bajo estas premisas.

Diagrama 2. Mercado de trabajo mexicano con la política del salario mínimo BIEN ejecutada

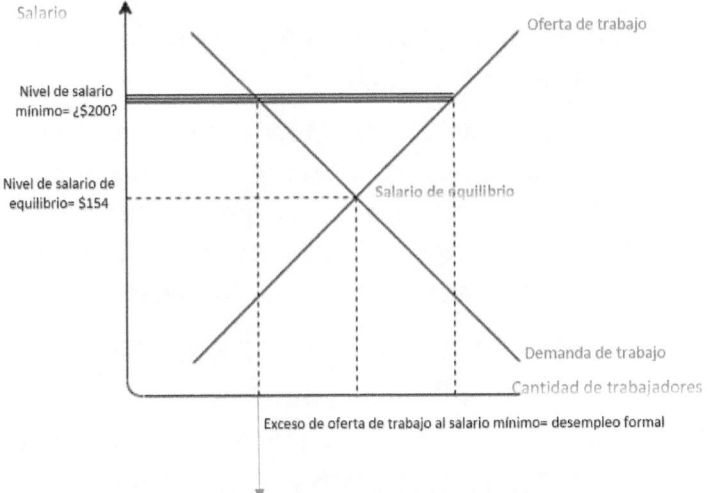

2) Eliminación definitiva del salario mínimo

Por otro lado, podemos dejar que sea el propio mercado el que auto regule el precio del trabajo.

Pero, esta propuesta debe ir acompañada con modificaciones al artículo 123 constitucional y sus leyes secundarias. Entre ellas, una que transparente los cambios en la productividad de las empresas para que los trabajadores negocien individual o colectivamente sus salarios con mejor información.

Eliminar al salario mínimo genera los siguientes beneficios:

- También disminuye el subempleo.
- Remueve por completo el efecto ancla (gravedad) sobre los demás salarios y otras fuentes de percepción de la economía.
- Deja de castigar a los trabajadores mejor capacitados y a sus pretensiones de educarse.
- Da libertad a las empresas y los trabajadores para negociar los salarios y sus incrementos sin un piso imaginario, o peor aún, basados en la inflación.
- Incentiva a mejorar la productividad individual.
- Ayuda a las empresas a incrementar su productividad laboral y, eventualmente, a reducir sus costos.

Si se elimina al mínimo, las demás percepciones que se ubican cerca de él subirán, no por arte de magia, sino porque se elimina el exceso de demanda de trabajadores mal pagados. Y el mercado de trabajo se normaliza.

Los ingresos y los salarios se elevan, también porque el nivel de capacitación y educación de la fuerza laboral mexicana así lo sugiere. Con datos de la ENOE sabemos que los trabajadores mexicanos, en general, ganan salarios por debajo de su nivel educativo.

Por otra parte, se elimina la "señal" del precio máximo, por lo cual no habría incentivo a negociar con percepciones bajas.

Recordemos el ejemplo de las aspirinas. Si el gobierno remueve la distorsión del precio máximo, habrá aspirinas de todos los precios posibles. En economía esto se llama segmentación.

Para el caso de las remuneraciones, lo que veríamos sería una mayor dispersión de la curva de salarios. Es decir, un mercado laboral mejor vaciado. Donde, las diferencias salariales estarían dadas por factores de competencia más que por un tope salarial artificial.

HENRY FORD Y LA POSIBILIDAD DE MEJORES SALARIOS EN EL MUNDO

En este apartado, deseo reproducir una de las columnas de análisis y opinión de las que más orgulloso me siento. Dado que me gustó mucho en su momento, no creí poder reescribirla para este libro. Por ello, con tu permiso, la trascribo tal como la redacté y fue publicada por la Revista América Economía.

"Henry Ford, el célebre empresario norteamericano precursor de la producción de automóviles en serie, es apenas mencionado por un suceso que contrasta con la historia del capitalismo. De un día para otro Ford duplicó los sueldos de sus más de 14 mil trabajadores, hecho que se conoce como the five-dollar workday. Más allá de las razones que motivaron el aumento es importante reconocer que Ford tuvo la determinación y contó con el capital necesario para hacerlo.

Las razones del aumento fueron diversas, entre las que destacó la baja productividad generada por la alta rotación dentro de la empresa. En 1913 Ford tenía una rotación anual de 370%, lo que significó que para mantener su planta laboral tuvo que contratar a más de 50 mil empleados en el mismo año.

Según los economistas Daniel Raff y Lawrene Summers, a un año de que Ford duplicara los pagos a sus trabajadores, la productividad de la empresa creció entre 40% y 70% y la rotación cayó a un dígito, en un entorno donde los precios de los automóviles decrecían. Las ganancias en productividad se asociaron con un alza en la moral de los trabajadores que se sintieron motivados a permanecer en la empresa y a trabajar más.

Por otro lado, el aumento en el costo de la nómina fue insignificante comparado con la disminución en costos originada por la permanencia de los trabajadores en la empresa. Independientemente del problema laboral que Ford enfrentaba, este masivo incremento de salarios fue posible gracias a que tenía el capital necesario para cubrirlo porque estaba generando ganancias extraordinarias, siendo su decisión discrecional y personal. Uno de los capitalistas más famosos de la historia tomó una resolución basada en el deseo de distribuir parte del capital generado por su empresa entre sus trabajadores. Ford, con una gran visión se dio cuenta que esta decisión le traería mayores beneficios que costos.

A diferencia del empresario común, Ford no intentó minimizar el costo del trabajo, sino que encontró el punto de eficiencia de su costo laboral y fijó los sueldos en una línea que coadyuvó a incrementar sus ganancias. En aquel entonces, aunque la economía norteamericana estaba en manos de la banca y de la bolsa de valores, mismas que tenían control sobre los fondos y la liquidez del sistema, no se opusieron a la estrategia de Ford. Posiblemente, los bancos presentían que esta estrategia sería exitosa y no conduciría a Ford a la quiebra. O bien, pensaron que era mejor tener como masa de clientes a una clase media que a gente viviendo apenas con lo indispensable.

Muchos años atrás, el economista John Stuart Mill formuló una teoría de fijación de los salarios o wagefund, un postulado simplista que argumenta que el nivel de las remuneraciones depende del capital o fondo acumulado en un periodo de tiempo para un cierto número de trabajadores.

Este axioma sigue vigente hasta nuestros días y se ejemplifica muy fácilmente: si el empresario dividiera las ganancias generadas por la empresa en partes iguales entre sus trabajadores, estos serían igual de acaudalados que él en cierto periodo de tiempo. En otras palabras, cuando existen ganancias en la empresa que aumentan el capital del empresario, es su decisión aumentar o no el pago.

Excluyendo a los microempresarios, cuyo proceso de acumulación es distinto, es un hecho es que en el mundo hay cientos de miles de empresas que tienen la posibilidad de realizar la hazaña de Ford y duplicar los pagos. El dilema está entre distribuir o concentrar las ganancias producidas por la empresa. En una primera instancia, los salarios se fijan de acuerdo con la capacidad del empresario para pagar y en un segundo momento, dependen de la decisión de redistribuir las ganancias del capital entre los empleados, cuando las hay.

Ford quería y podía duplicar la remuneración de miles empleados de un día para otro.

En economía, el caso de Ford es un proceso conocido como distribución de rentas y ha sido poco estudiado, posiblemente por la falta de casos. Este fenómeno sucede generalmente de forma unilateral y pocas veces es producto de un pacto entre empresarios y trabajadores. La distribución de rentas no está regulada por ninguna ley o institución y ningún sindicato en el mundo puede realmente influenciar al empresario para que duplique los salarios de un día para otro. Ello depende enteramente del empresario y de cuánto esté dispuesto a ceder de sus ganancias.

La realidad es que, a lo largo de la historia, la práctica que ha dominado es la de minimizar el costo del trabajo y en paralelo, maximizar las ganancias del capital. Las remuneraciones se han mantenido estancados con el argumento de que los costos de producción deben permanecer bajos, para evitar transferir los incrementos hacia los precios finales. Además de la falta de lógica de este modelo para una economía de consumo, el problema es que ha generado círculos de desigualdad y pobreza, además de oligopolios, que benefician solo a algunos jugadores mientras que la mayoría de la población ve sus ingresos deteriorándose a través del tiempo.

En el mundo existen millones de trabajadores percibiendo salarios mínimos que no cubren sus necesidades básicas. Basta con ver las condiciones de trabajo y los salarios de los trabajadores informales de Mumbai, India, un ejemplo lamentablemente muy ilustrativo.

El mundo actual de las remuneraciones es ilógico para una economía de consumo, debido a las ineficiencias, contradicciones y desigualdades que se encuentran a través de países, industrias y empresas. Parecería que el objetivo del modelo es que el trabajador apenas subsista y que gaste todo su ingreso corriente en productos y servicios producidos por él mismo. Es preciso dejar de ver al trabajo como un costo más para la empresa y reconocer que el empresario genera riqueza y crece gracias al trabajo. Y por su parte, el trabajador encuentra en la empresa un medio para generar valor a través de sus capacidades. Si la balanza está a favor de uno de ellos, es difícil crecer y generar competencia en la economía y ampliar a las clases medias. Si al menos existieran mil casos como el de Ford en la actualidad, el mundo ya no sería igual."[26]

DISTRIBUCIÓN DE LA RIQUEZA Y LA AUSENCIA DE LEYES REDISTRIBUTIVAS

En marzo de 2013, la senadora demócrata Elizabeth Warren mantuvo un debate sobre el salario mínimo con la comisión de trabajo y pensiones de Estados Unidos. Apoyada en un documento de investigación de Arindrajit Dube de la Universidad de Massachusetts, arguyó lo siguiente: "Si nos remontamos a 1960 y suponemos que el salario mínimo creció en la misma magnitud que la productividad, hoy el salario mínimo tendría que ser de $22 dólares la hora, en lugar de $7.25 dólares. Mi pregunta es la siguiente: ¿qué pasó con los otros $14.75 dólares?".

La senadora estaba buscando incrementar el sueldo mínimo no a $22 dólares la hora, sino solamente a $9 dólares. Ninguna de las respuestas de los presentes pudo contra la contundencia del argumento.

Tomando el ejemplo anterior, los aumentos de la productividad no se reflejaron en aumentos en las remuneraciones porque no existen los mecanismos formales que distribuyan las ganancias de la economía entre los factores de la producción.

El ejemplo de Henry Ford en el punto anterior es insigne. Conozco a muchas personas que tienen negocios exitosos, con solamente dos o tres empleados. Una diversidad de dueños de pequeños negocios no contrata directamente a sus trabajadores, sino que, lo hacen a través del esquema de la subcontratación con un tercero. Les pagan a sus empleados ocho, diez mil o doce mil pesos al mes, y ellos, ingresan entre 10 y quince veces más. Al parecer, todos están felices con esta disparidad.

Sin embargo, la realidad es que los empleados quisieran un poco más. En estos casos habría que preguntarnos, ¿cuál es la contribución de los empleados a los ingresos del dueño? Y, ¿por qué el precio del trabajo es tan bajo?

El sueldo es inferior a lo que produce el empleado porque existe una distorsión inducida en ese mercado de trabajo. Una distorsión inducida es, como cuando el gobierno grava un impuesto al consumo a fin de limitar la compra de cierto producto socialmente dañino.

Lo mismo pasa en los mercados de trabajo con el sueldo. Existe una señal de que la paga debe ser baja, aunque la contribución a las ganancias sea mucho mayor. Cuando un reclutador dice que el sueldo de determinado puesto lo dicta el mercado, lo que no sabe es que ese mercado ya está muy distorsionado.

Cuando la brecha de ingresos entre los dueños y los empleados es tan alta, se concentra la riqueza. Además, surge otro problema, que los precios de los bienes y servicios que vende el empresario empiezan a contenerse, porque si paga salarios bajos, esto contribuye a mantener una estrategia competidora con precios bajos[27]. Y en general, la actividad económica se abarata.

El valor agregado de la producción queda al margen del precio final del producto. Esto le he visto en numerosas ocasiones en mi experiencia en estrategia de precios. Puedes por ti mismos, evaluar las estrategias de precios de los retailers y lo constatrás.

NO HAY MARCHA ATRÁS, EL NEOLIBERALISMO TERMINÓ

Recientemente, la prestigiada revista norteamericana Project Syndicate, publicó un artículo del célebre economista y premio Nobel Joseph Stiglitz, llamado, "El fin del neoliberalismo y el renacimiento de la historia"[28]. Stiglitz también ha publicado libros donde critica al neoliberalismo, a las instituciones de la globalización y a las políticas públicas que emanaron de esa corriente de pensamiento económico.

En nombre del comercio internacional y de las ventajas competitivas, las naciones han competido en varios frentes. Como atractores de inversión foránea directa e inversión de cartera. Como países con mano de obra barata, como economías ricas en recursos y como naciones "liberales", en pro de la privatización extrema y el no intervencionismo del estado.

Cuando se compite de esa manera, se termina quedando mal con alguien. En el caso mexicano, el estado liberal globalizador, en aras de mantenerse como un destino de inversión barato, sacrificó a millones de personas, causando un genocidio de la clase trabajadora y sepultando a 61.1 millones de personas en la pobreza de ingreso, según las cifras de CONEVAL.

El neoliberalismo no impactó por igual a todos los países. En términos de salarios, que es el tema que abordamos en este libro, podemos constatar que no a todos les fue tan mal. Las economías desarrolladas, no es que no tengan problemas, porque si los tienen, y muchos. Sin embargo, en la parte de los ingresos están mucho mejor que México. Literalmente, están a años de distancia por delante de nuestro país.

El retraso salarial mexicano si es responsabilidad del neoliberalismo, ya que nos vendieron la idea de que manteniendo los salarios a raya podríamos combatir a la inflación. Esto es mentira. Porque los salarios, como costos de producción, solo representan uno de varios insumos en la cadena de valor. Es imposible que los demás costos también permanezcan constantes durante décadas. En el largo plazo, todo escasea y sube de precio.

Yo soy de las personas que piensan que no todos los males son culpa de los gobiernos ni de los gobernantes. Muchas personas eluden sus propias responsabilidades y cargan sus propios males a factores exógenos. Sin embargo, en el caso salarial, es claro y contundente que el culpable es el discurso abaratador gestionado desde las esferas del poder.

Aunque los empresarios deciden los sueldos de sus empresas, también es cierto que, el gobierno influyó determinantemente siendo como un muro en lo que concierne a la política salarial de México.

La banca central

Cuando hablamos de inflación, es ineludible mencionar a los bancos centrales.

El banco central de un país es el vigilante y el garante del correcto funcionamiento del sistema de pagos. Además, por mandato constitucional, es el encargado de preservar el poder adquisitivo de la moneda legal del país donde se encuentre.

En el papel, los bancos centrales son autónomos del poder político, cosa que por naturaleza no ocurre. En la realidad, los banqueros centrales muchas veces se doblegan ante el gobernante en turno.

Te daré un reciente ejemplo que no requiere demasiada faena. En la segunda mitad del sexenio de Felipe Calderón, y durante todo el sexenio de Enrique Peña, el gobierno aumentó su deuda de una manera inusitada. Pasando, de 21% en 2008 a 48.2% en 2016[29].

Posterior a la crisis financiera global iniciada en Estados Unidos en 2009, los bancos centrales del mundo ejecutaron una agresiva reducción de sus respectivas tasas de interés a fin de ayudar a la recuperación económica. Ojo, no lo hicieron pensando si afectaría a la inflación.

En México, la reducción se extendió durante varios años, llegando a disminuir la tasa líder hasta 3%, en junio de 2014, y manteniéndola en ese mismo nivel hasta diciembre de 2015.

Por otra parte, y aprovechando la coyuntura global, el gobierno de Peña Nieto decidió endeudarse estrepitosamente con la "autónoma coordinación" del banco central.[30] Aún no sabemos para qué se endeudó tanto en tan poco tiempo. Seguimos esperando los dictámenes e investigaciones que lo aclaren.

Ahora bien, ¿por qué te comento este rollo de la supuesta autonomía del banco central?

Porque en distintas etapas, el Banco de México fue precisamente, uno de los encargados del discurso en contra del aumento de los salarios en el país, argumentando impactos inflacionarios, y justificando el no aumento salarial, por una supuesta baja productividad de los trabajadores mexicanos. Una postura algo contradictoria, dado el ejemplo que mencioné.

¿No te parece?

Si te interesa, puedes encontrar en internet varias ocasiones de cuando el banco central se pronunció contra los aumentos salariales. Desde mi punto de vista, esta negativa es la parte más oscura que ha tenido nuestro ilustre Banco de México desde su concepción.

Aquí va otra más. En enero de 2017, recordarás en famoso "gasolinazo" que dio pie a una escalada de los precios de la economía mexicana. La liberalización en el precio de las gasolinas, en realidad, fue una cesión de los derechos de comercializar el producto. Para ello, el gobierno quitó el subsidio que durante años mantuvo a los precios de la gasolina.

En esta ocasión, el banco central se pronunció a favor de la medida, y no hizo berrinche sobre posibles contagios al nivel de precios. Cómo verás, existe mucha hipocresía en cuanto a la supuesta autonomía del banco central, porque ha sido parte de las decisiones más transcendentales en política económica.

Por otra parte, se me hace difícil pensar que un banquero central, que nunca ha trabajado en una empresa de consumo, sepa siquiera lo que está diciendo cuando se refiere a la productividad. Recuerdo al secretario de hacienda de hace tres sexenios en un evento, pronunciando su negativa y, argumentando por qué los salarios debieron permanecer estancados. Ese mismo secretario, pasó a la historia como uno más dentro del conocido sexenio del cambio perdido.

Finalmente, te menciono que, la banca central no tiene ninguna atribución para sugerir el control de precios en una economía, como el caso de las remuneraciones. Hacerlo es irresponsable y para ellos es contradictorio dada la supuesta y tan pregonada autonomía, como escupir hacia arriba.

El público en general, sabe que existe un banco y central, y en ocasiones, hasta su función. Sin embargo, la gente no entiende sus mecanismos de operación y sus responsabilidades. Por esta razón, falta alguien que levante la voz y se los diga.

La buena noticia es que, en un par de años el Banco de México amplíe su mandato constitucional a fin de que vele también, por el crecimiento económico. Si esto sudece, que es lo más probable, verás como cambia la actitud de los banqueros con respecto al salario. Verás un cambio de paradigma. El mandato doble de la banca central será, sin duda, un punto de inflexión en la historia de la economía mexicana.

Algunos miembros de su actual junta de gobierno no desean que el cambio suceda, según ello, un mandato doble no hace diferencia. Vamos a ver...

Imagínate que a un chofer particular, el patrón le dice que ahora, además de llevarlo a él, llevará a su esposa. ¿No crees que la planificación y la logística del chofer cambien por completo? Digamos que, el patrón va siempre para un lado, mientras que la esposa, acude a otros. Lo mismo es con los mandatos duales de la banca central.

EL MITO DE LA BAJA PRODUCTIVIDAD

Brevemente, la productividad, se refiere al cambio positivo o negativo en la producción total ante cambios en los factores y la tecnología de producción.

Por ejemplo, si 10 trabajadores producen 100 unidades de producto en un periodo de tiempo; y 5 trabajadores producen 100 unidades en un momento posterior, se dice que la producción media aumentó en 100%.

El INEGI es un gran instituto al que debo muchas de las cifras aquí expuestas. Dicho instituto genera una medición con estándares internacionales sobre la productividad de los factores. El modelo matemático que utilizan es elegante. Sin embargo, sus resultados son poco útiles.

El punto es, que INEGI mide con la misma vara, a las empresas micro, pequeñas, grandes y gigantes. No obstante, la producción media de una empresa gigante es muy superior que el de una microempresa. Eso lo sabemos todos.

Por ello, cuando aparecen los resultados sobre la productividad de la economía, parece que esta no avanza. Y decir que la productividad no crece es una mentira. Es imposible pensar que la digitalización, la automatización y la robotización de algunos procesos, no impacten en la frontera de producción de las empresas.

Recordando que, en nuestro país el 87% de las empresas son micronegocios, con pocos años, e incluso, meses de operación. Además, adolecen de los procesos que manejan las grandes manufactureras y maquiladoras con tecnología de punta. Por esta razón, si intentas mediar la productividad, metiendo a todas las empresas al mismo caldo, el sabor resultante es insípido.

Precisamente, este es el artilugio favorito de las élites neoliberales para negar que los salarios en México se aumenten. Les da igual si sus recomendaciones y recetas sin comprobar generan millones de pobres o no.

En las redes sociales pulula un malicioso meme sobre Agustin Carstens, un exgobernador del Banco de México, en dónde en al pie de la fotografía se lee: "el único peso que permanece estable es el mio".

Estarás de acuerdo en que no encontraremos un ejemplo más ilustrativo que esto.

Anuncia Agustín Carstens que por el momento el único peso que permanecerá estable será el suyo.

Y, por otra parte, las grandes empresas altamente tecnificadas, se hacen la vista gorda, y con el pretexto de la inflación, y quien sabe qué más, han congelado sus aumentos salariales por muchos años.

Vivimos dentro de círculo vicioso, donde las bajas percepciones pagadas por las grandes empresas incentivan a las personas a buscar emprendimientos sin un peso en la bolsa y con un grado muy bajo de tecnificación en sus procesos.

Si en México hay millones de empresas con el dueño como único empleado, es lógico pensar que la productividad del trabajo permanezca estancada en el tiempo.

¡MÉXICO YA NO PUEDE SOSTENER UNA ECONOMÍA DE MANO DE OBRA BARATA!

El neoliberalismo como fue inicialmente concebido está muerto. No significa que las partes más significativas y progresistas de este desaparezcan; al contrario, deben permanecer.

La senda tomada por nuestro país con la apertura comercial es en general, un camino firme, que de forma limitada ha traído beneficios a un gran número de personas. Sin embargo, la derrama del comercio internacional ha sido nula en la mayoría de la población.

El experimento latinoamericano de políticas astringentes en detrimento del bienestar público está llegando a su fin. Lo estamos viendo en Bolivia, Chile y en las elecciones argentinas.

Por su puesto, al menos en el papel, México no fue la excepción y el país eligió a un gobierno que ha prometido una transformación histórica, conocida como la Cuartra Transformación (4T.) Entre el hartazgo de la gente y el acertado diagnóstico del actual presidente, se gestó un cambio de gobierno por la vía democrática y pacífica.

Es pronto para realizar una evaluación de las políticas del nuevo gobierno cuyo principal móvil es erradicar la corrupción. Como dijo el expresidente de Ecuador y de corte transformador Rafael Correa en una entrevista, sus diez años en el poder no bastaron para realizar los cambios que él hubiera deseado. En México no será diferente, si es que de verdad este gobierno desea realizar cambios sustanciales.

En material laboral, la llamada 4t dio dos primeros pasos, que me parecen muy necesarios, pero insuficientes. En primer lugar, se incrementó en un solo año el salario mínimo 16.2% en términos nominales ($102.68 pesos diarios). Además, incrementó el de la zona libre de la frontera norte, que se estableció en $176.72 pesos diarios.

El otro paso dado por este gobierno es, en septiembre de 2018, el Senado mexicano ratificó la adhesión de México a un convenio más de la OIT, el denominado Convenio 98. Aunque los convenios de dicha organización no están tallados en piedra[31], y su seguimiento es relativamente laxo, se sienta un precedente para que nuestro país se obligue a sus términos.

Básicamente, el convenio garantiza la libertad de asociación sindical de los trabajadores. Esto se escucha irrelevante, pero, recordemos que los sindicatos y sus líderes han sido corresponsables en la contención salarial en la historia de este país.

Actualmente, la Ley Federal del Trabajo aun incluye en su artículo 395 la llamada cláusula de exclusión, que históricamente, ha representado la restricción de la libertad y de la democracia sindicales, promoviendo la complicidad entre empleadores y líderes sindicales. Como ejemplo, tenemos a los contratos de protección hacia los patrones.

Según la cláusula de exclusión, el empleador solo puede contratar en la empresa a los trabajadores que formen parte del sindicato que haya negociado el contrato colectivo de trabajo; a esto se conoce como la cláusula de exclusión por admisión.

Además, se encuentra la cláusula de exclusión por separación. Que es otra forma de restringir el derecho del trabajador. En este caso, el trabajador puede ser despedido de la empresa si renuncia al sindicato, o bien, si es expulsado del mismo.

Por otro lado, si alguien quiere formar otro sindicato no puede hacerlo, porque automáticamente es expulsado del sindicato y de la empresa.

En otras palabras, en México no existe la democracia sindical ni la competencia sana entre sindicatos por la posesión de un contrato colectivo de trabajo. Por eso dije antes, que no confío en los sindicatos ni el sindicalismo.

Afores, la bomba de tiempo

Aún falta mirar el próximo estallido que habrá en diversos países por el también esperado fracaso del sistema de pensiones, de aportación definida y limitada.

En el caso mexicano, las Afores han sido un grandísimo y muy rentable negocio para quienes las manejan. Sin embargo, la hora de la verdad se acerca y los primeros pensionados con este esquema recibirán una fracción de su salario. Resulta que, las aportaciones obligatorias al sistema de pensiones manejado por las Afores fueron muy bajas.

Totalizando apenas, entre 6.5% y 12.1%[32] del salario base de cotización ante el IMSS. Por mucho que las inversiones de las Afores en instrumentos de inversión hayan generado grandes plusvalías, no serán suficientes, dado que ahorraste una proporción muy baja de tu salario.

La cuota obligatoria para el trabajador es de apenas 1.125% de su salario base, para cualquier nivel; ya sea que ganes un solo salario mínimo o hasta 25 UMA´s.

Otra limitación es la imposibilidad de ahorrar en este país con un salario de 7,000 u 8,000 pesos mensuales. Es imposible ahorrar el 10% de estas cantidades dado el costo de la vida. Un 10% sería el monto recomendado para que el trabajador se retire con una pensión digna.

Si ganas 15,000 pesos mensuales y tienes una familia, más que ahorrar te vas a endeudar.

Por otro lado, la misma Comisión Nacional del Sistema de Ahorro para el Retiro (Consar) menciona en un desplegado que, del total de trabajadores de la llamada generación Afore, solamente 24% tiene derecho a una pensión, ya que los demás no alcanzan las 1,250 semanas de cotización para obtener una pensión. Un 17% de toda la generación Afore recibirá solo una pensión garantizada de 3,843 pesos mensuales. ¿Valió la pena tanta grilla del sistema de ahorro para el retiro?

A mi este sistema me parece un timo porque en esos años prometieron una cosa y te entregarán otra. Ahí están las cifras, no estoy inventando.

El sistema estuvo mal planificado en el porcentaje de las aportaciones. Aun así, felicidades a las administradoras de los fondos, porque a éstas les fue bien gracias a las comisiones y a las ganancias generadas por manejar estos recursos. Sinceramente, no deberían cobrar comisiones. Basta con tener esa masa de recursos para invertirlos en el sistema financiero y hacerse de millones. Las Afores administran casi 4 billones de pesos y todavía, cobran comisión por el manejo de tu dinero. ¡Caray!

La economía a meses sin intereses

Si no te alcanza, no te apures. Endéudate, saca una o varias tarjetas y vive por encima de tus posibilidades. Eso es el crédito al consumo. Que es muy distinto que la deuda productiva. La deuda no es mala, pero el crédito si lo es. La deuda puede convertirse en oportunidad y en el crecimiento y el despegue de una empresa. En cambio, el crédito para comprar pantallas planas en el Buen Fin, ropa y otros artículos de consumo es un error.

¿Para qué necesitas una tarjeta de crédito si no es para hacer un buen historial crediticio? No se te sirve para otro fin. Quizá, solo para pagar algunas cuentas domiciliadas. Si piensas que una tarjeta es una extensión de tu ingreso disponible, estás frito.

Los deudores y el sistema bancario lo saben, y por ello, México tiene una de las tasas más bajas de posesión de tarjetas de crédito a nivel América Latina. Sin embargo, esa baja posesión es suficiente para hacer un jugoso negocio de altísimas comisiones que puedes corroborar en la página web de la Condusef.

La economía de los meses sin intereses es también consecuencia de los paupérrimos salarios[33]. La gente de a pie no ahorra porque no le alcanza, en cambio, si se endeuda. Cuando en un país no hay ahorro en la base de la pirámide de percepciones, pero, por otro lado, el país es rico, se están concentrando las ganancias en la parte alta de la pirámide.

Sin importar la tasa a la cual los bancos se prestan entre sí[34], dado que el mexicano promedio tiene una baja remuneración, es posible cobrar estratosféricas comisiones para hacer negocio con la necesidad y con la falta de educación financiera.

Cuando una economía alcanza el estatus de "meses sin intereses", algo anda mal, el flujo de efectivo mensual no alcanza para adquirir los productos básicos de consumo. Más aún, si se trata de la despensa de productos básicos.

Desde mi perspectiva, hemos alcanzado un punto crítico, en el cual debemos modificar el esquema de distribución de ganancias para no generar daños irreversibles a la capacidad de consumo de las personas.

¿CUÁL ES TU OPCIÓN? NUNCA SOLO, SIEMPRE ORGANIZADO

A lo largo de este texto, usando mis mejores medios, información y conocimiento, intenté hacerte partícipe de un cambio que todos necesitamos.

Mi objetivo es también, ayudarnos a cobrar conciencia que la felicidad la hemos podido encontrar en otros asuntos, menos en el salario. Y eso no está bien. Merecemos vivir mejor. Dar tus ocho horas (o más) al día, sacrificando tu vida personal a una empresa que te paga poco, no es vida.

Negociar incrementos de sueldos te puede funcionar, pero es más probable que no te lo den. Hay libros y manuales enteros de cómo idear estrategias para solicitar un incremento de tu salario. La verdad es que, si te lo dan, no creo que rebase un 10%, si bien te va. Por ello, si ganas 10,000 pesos al mes, ahora te estarán dando 10,100 pesos y habrás quemado un gran cartucho de negociación por desesperación.

Si la empresa es donde trabaja es de tamaño mediano, grande o muy grande, es un crimen que te paguen poco. Si es una microempresa, igualmente, debemos exigir un fortalecimiento del ecosistema emprendedor a través de efectivas políticas públicas ricas en fondos públicos.

El emprendimiento no es como lo pintan las revistas de negocios. Debo recordar que existen millones de emprendimientos anónimos. Para ser sincero, los más exitosos son siempre aquellos que logran fondearse en mercados de deuda muy exclusivos y de nulo acceso para la mayoría. Existe una gran asimetría y desequilibrio entre lo que pueden hacer las grandes empresas y los emprendimientos en México.

En lo personal, sentí pena cuando regresé a México las dos veces que estuve fuera del país, en dos naciones distintas.

Sin embargo, estar empleado en México, solo es redituable si te encuentras en el 5% con sueldos más altos del país, que es la minoría. La mayoría se encuentra en el salario de equilibrio. Y ahí nos van a dejar, indefinidamente, si no hacemos algo por cambiarlo.

No creo en los sindicatos, mucho menos los de este país. Los sindicatos han mostrado ser cúpulas jerárquicas recolectoras de cuotas sindicales, donde el único beneficiado es el líder. Ese tipo de organizaciones jerárquicas, en donde existe un líder deificado, son las que debemos evitar como sociedad. Cualquier forma de asociación en donde exista un solo líder que tenga acceso al poder y a las cúpulas en el poder, tiene gran probabilidad de corromperse. Los sindicatos son el mejor ejemplo de corrupción de un líder y de quedar mal con sus agremiados. Cuando un líder se corrompe así, se pierden años de batalla. El ansia de poder provoca que cualquier ser humano y sus ideales languidezcan cuando lo prueban por primera vez.

Sin embargo, no todas las organizaciones de la sociedad civil son corruptas o tiene que corromperse. Hay algunos institutos fondeados con recursos privados que tienen una agenda relativamente independiente y autónoma.

En el tema salarial, no se necesita un solo líder, sino millones. Millones de personas que en uso de sus derechos como ciudadanos manifiesten su sentir en materia de su dinero. Las cúpulas siempre sucumbirán a la millonada de personas unida, no hay mayor poder de influencia que eso. Se constató en las elecciones presidenciales del año 2018 y se puede repetir, ahora para empujar el tema de los salarios.

Obviamente, como todo en economía, hay un precio que pagar por ese tesoro salarial.

La situación de las remuneraciones es crítica y los altos niveles de inseguridad obligan a tomar acciones inmediatas. El sistema de pensiones es un fracaso anticipado y no deseo ver en lo que podría convertirse en país en unos años más. Seguramente el Estado tendría que intervenir para resarcir sus propias culpas en esta materia. Aunque, eso no lo sabemos.

Un cambio completo

El paradigma que como sociedad tenemos que modificar es complejo. Aunque, si lo logramos, podremos hablar de un antes y de un después; de dos eras.

Antes que otra cosa, debo decirte que ningún gobierno que llegue va a poder cambiar la situación de los ingresos. Es una cuestión de incentivos.

Francamente pienso que no es responsabilidad del gobierno, sino nuestra. Además, la crisis salarial requiere soluciones que sobrepasan a la esfera pública. Nos necesita a todos. Finalmente, no es bueno confiar en el gobierno cuando se trata de tu bolsillo.

El cambio de paradigma salarial requiere una fuerte conciencia de mejoramiento colectivo. Una verdadera necesidad de cambio. Quizá, dicho cambio ya está instalado en la conciencia de este país. Ya tenemos las letras del salto cualitativo escritas en la frente, pero todavía falta que nos podamos ver a la cara como miembros de una misma comunidad.

La división de clases que tanto nos gusta pregonar en el país es un espejismo que desvía la atención sobre el potencial de logros de una sociedad. Lo que le pasa al de abajo, le impacta al de arriba, y viceversa. Esto es notorio en nuestro país. Y por mucho que nos guste sentirnos por encima de alguien más, a la larga, tendremos que pagar la factura de la profunda desigualdad.

El deseado mejoramiento salarial no es un tema de economía y de teoría, créelo. Tampoco es de política. Así nos lo hacen creer, para que lo dejemos en manos de las democracias disfrazadas. Este falso paradigma lo tenemos que transformar porque ya lo integramos a la conciencia.

Más bien, debemos pensar en que nuestro cambio depende de un deseo largamente reprimido. Debemos recordar y generar conciencia de que esta situación es anormal.

Para que el cambio se efectúe, se requiere de un enorme y persistente esfuerzo colectivo.

A pesar de que el reclamo salarial es justo, no debemos apelar a este principio para verlo materializarse.

Nuestro deber es empujar, una y otra vez, sin interrupción. Y lo debemos hacer todos juntos, para que el cambio se genere en un tiempo récord.

Estamos en el mejor momento y en el tiempo justo de hacerlo. Postergar nuestra decisión será en detrimento del futuro.

La mejor estrategia para generar una profunda transformación no es dejándote caer en los brazos de líderes, sino, reconociendo que todos tenemos responsabilidad y capacidad de acción. Individualmente, es muy complicado ser escuchado, pero, colectivamente, con independencia en la gestión, es posible hacer cambios muy rápidamente.

Por esta razón, no recomiendo crear organizaciones de voluntarios, porque es centrar la atención de un problema general en una sola organización, con un punto de foco, que bien puede sucumbir a la corrupción. Las élites deben saber que millones desean esta transformación, y no les quedará de otra, que aceptarlo.

Es importante recordar que, para efectuar un cambio, es necesario una masa crítica de alrededor de un 30% los afectados.

En el caso del ingreso, son 42 millones de trabajadores quienes perciben un máximo de $7,700 pesos mensuales, estaríamos hablando de 12.6 millones de personas, aproximadamente, un 10% de la población de este país.

Por eso, mientras más personas escuchen este mensaje, mejor.

Así pues, que este libro sea como una onda con resonancia infinita.

---

[1] Vulgarismo de uso generalizado usado para denostar a quienes piensan distinto al orden aceptado, tengan o no razón.

[2] Monopsonio significa, poder monopólico en la contratación de trabajadores.

[3] INEGI: Remuneraciones reales por persona ocupada en establecimientos manufactureros con programa IMMEX. https://www.inegi.org.mx/app/tabulados/default.html?nc=824

[4] Algunos analistas creen, sin bases, que las personas mienten en esta encuesta sobre sus percepciones, reportando menos dinero que lo que realmente ingresan.

[5] No consideramos en esta estimación al salario mínimo de la Zona Libre de la Frontera Norte, que equivale a 176.72 pesos diarios.

[6] Millones de personas reportan que no reciben dinero. ¿Te parece difícil de creer?

[7] INEGI. Encuesta Nacional de Ingresos y Gastos de los Hogares. ENIGH 2018. Tabulados básicos. 2019.

[8] Tomado del sitio: http://neuvoo.ca/salary/?job=Production

[9] Recuperado de: https://www.numbeo.com/cost-of-living/compare_cities.jsp?country1=Mexico&country2=Canada&city1=Tijuana&city2=Calgary

[10] En realidad, el iPhone cuesta menos en la tienda Apple virtual de Apple E.E.U.U., que en la mexicana. Se puede corroborar en línea.

[11] https://www.indeed.com/cmp/Apple/salaries?job_category=retail

[12] https://www.indeed.com.mx/cmp/Apple/salaries

[13] Consejo Nacional de Evaluación de la Política de Desarrollo So-

cial (CONEVAL): Medición de la Pobreza. Recuperado en línea: https://www.coneval.org.mx/Medicion/Paginas/PobrezaInicio.aspx

[14] OECD (2019), Average wages (indicador). doi: 10.1787/cc3e1387-en (Acceso el 20 noviembre de 2019)

[15] La paridad en el poder de compra es una medida que se usa para comparar cifras de un país y otro, en términos de los precios relativos.

[16] OECD (2019), Hours worked (indicador). doi: 10.1787/47be1c78-en (Acceso el 20 noviembre de 2019)

[17] En la práctica, un sindicato blanco es el que defiende los intereses del patrón.

[18] OECD (2019), Employee compensation by activity (indicator). doi: 10.1787/7af78603-en (Acceso el 20 noviembre 2019)

[19] El VAB es una medición similar al Producto Interno Bruto (PIB) de un país, excluyendo el valor del consumo de bienes y servicios intermedios.

[20] Es el saldo contable de la Cuenta de Generación del Ingreso. Se define como el valor agregado menos las remuneraciones de asalariados por pagar, menos los impuestos sobre la producción por pagar más los subsidios por cobrar. Recuperado de: https://www.inegi.org.mx/app/glosario/default.html?p=csisflm

[21] Esta medición la realicé con los datos provistos por INEGI en su sistema de cuentas nacionales, en términos de pesos corrientes. https://www.inegi.org.mx/sistemas/bie/?idserPadre=1020010300200540#D1020010300200540

[22] Convertido a dólares americanos constantes, asumiendo una jornada de ocho horas al día.

[23] De hecho, aplica para cualquier precio mínimo, incluyendo al salario.

[24] Cifras de la ENOE del tercer trimestre de 2019.

[25] Flores, Z. (10/06/2014) "Bajos salarios de vacantes alejan a buscadores de empleo". Recuperado en: https://www.elfinanciero.com.mx/economia/bajos-salarios-de-vacantes-alejan-a-buscadores-de-empleo.html

[26] Franco, I. (10/07/2013) "Es posible tener mejores salarios en el mundo: el caso de Henry Ford". Recuperado de: https://www.americaeconomia.com/analisis-opinion/es-posible-tener-mejores-salarios-en-el-mundo-el-caso-de-henry-ford

[27] Siempre y cuando no aumenten los costos de otros insumos.

[28] Recuperable en línea, en español en https://www.project-syndicate.org/commentary/end-of-neoliberalism-unfettered-markets-fail-by-joseph-e-stiglitz-2019-11/spanish

[29] Secretaría de Hacienda. Comunicado no. 98 (30/10/2019). Recuperado de: https://www.secciones.hacienda.gob.mx/work/models/estadisticas_oportunas/comunicados/ultimo_boletin.pdf

[30] Este punto exige un análisis mayor. Sin embargo, si el mandato del banco central es únicamente mantener la inflación controlada; con una tasa de interés nominal de 3% y con un endeudamiento rampante del gobierno federal, ¿no le estaría "echando la mano" el banco central al gobierno con una tasa a modo para no generar mayores costos financieros de la deuda pública?

[31] "Los países que ratifican un convenio están obligados a aplicarlo en la legislación y en la práctica nacionales, y tienen que enviar a la Oficina memorias sobre su aplicación a intervalos regulares.". OIT. Recuperado en línea: https://www.ilo.org/global/standards/introduction-to-international-labour-standards/conventions-and-recommendations/lang--es/index.htm

[32] Son las cuotas tripartitas, del trabajador, el patrón y el gobierno.

[33] En Estados Unidos, la economía de consumo a meses sin intereses empieza a cobrar relevancia, debido al estancamiento de sus salarios.

[34] Es decir, la posición del banco central en relación con la política monetaria, que puede ser restrictiva (altas tasas de interés) o laxa (bajas tasas de interés).

www.ingramcontent.com/pod-product-compliance
Lightning Source LLC
Chambersburg PA
CBHW020542220526
45463CB00006B/2158